*Nanbei Jiaohu*
Nanfang Baoye Shezhang Zongbianji
Koushushi

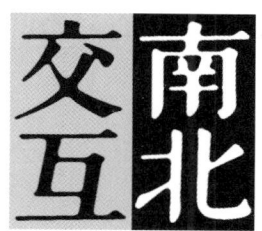

**南方报业社长总编辑**

# 口述史

第一辑

曹轲 罗永新 吴自力　编著

经济日报出版社

## 序

INTRODUCTION

改革开放以来,南方报业以《南方日报》为母体,不断发展,衍生出《南方农村报》、《南方周末》、《南方都市报》、《21世纪经济报道》……从一棵树到一片林,从一家报社变成一个报业集团,逐渐成长为一家国内领先,乃至在国际上有一定知名度的传媒集团。

风正帆悬之际,总是免不了要"瞻前顾后"。2012年底,为传承南方报业发展基因、弘扬南方报业历史文化,南方传媒学院向集团提出申请立项"南方报业社长总编辑口述史"。旨在通过对离退休南方报业社长总编辑的访谈,记录他们任职南方报业领导时的经历和事迹,努力再现南方报业一甲子多的峥嵘岁月,留下一份难得的南方报业、广东报业乃至中国报业发展的实录。

我们认为,"南方报业社长总编辑口述史"意义有三:一是历史学价值。南方报业的历史,就是广东的发展史,也是中国发展的一面镜子;以小见大,以一隅窥天下风云,南方报业社长总编辑口述史有着极高的史料价值。二是新闻学价值。南方报业六十多年弦歌不辍,历史和现实都已经充分证明其在中国新闻史上的独特地位;云山珠水,岭海领潮,南方报业历届掌舵人的口述史不仅是时代的见证,更是新中国新闻发展的缩影。三是社会学价值。社会风云变幻,南方报业始终站在时代潮头,哪怕是一点一滴的进步,背后被撑开的都可能是重逾千钧的压力。时代如何破冰前行,作为新闻的亲历者和新闻事件的见证人,南方报业社长总编辑口述史无疑提供了一个极佳的视角。

最值得庆幸的是，提出该建议时，南方报业的两位奠基者，即《南方日报》的两位主要创办者——杨奇（创刊副社长）和曾彦修都还在世。2015年3月3日，《南方日报》首任总编辑、第二任社长曾彦修在北京去世，享年96岁。曾老的去世，给本书带来无尽遗憾的同时，也让我们深切体会到抢救历史的迫切性和重要性。

本书是"南方报业社长总编辑口述史"第一辑，主要记录了杨奇、曾彦修两位在南方日报任上的所作所为所感，还有陈鲁直、成幼殊伉俪的"第三方视角"。

在红色新闻史上，中共西北局、华北局（包括其前身北方局）领导的以延安《解放日报》、晋察冀边区《晋察冀日报》为代表的北方报纸，和受中共南方局领导的以重庆《新华日报》、桂林《救亡日报》、香港《华商报》为代表的南方报纸，在办报风格上有着明显的分野。解放战争后期，大批文化名人包括华商报的名编、名记、名作家自港北上迎接新中国的诞生。而其基本班底，则奉命在广州解放后返粤创办中共中央华南分局机关报《南方日报》。

在本书中，通过几位老人的回忆，可以清晰地看到：作为中共香港办报团队遗留下来的唯一集中的主干力量，返粤的华商报人从中共领导下的"文人办报"转向"党委办报"，在服装、称呼直至报道写法、社论立场等方面经历了一个改造和自我改造的过程，而延安来的总编辑曾彦修除带来"党委办报"的经验外，还对原华商报人进行了一番关于党报、机关报政治属性的新洗礼。

正是这种南北两地办报风格的激荡与融合，为《南方日报》的发展植入独特基因，也为日后南方报业的壮大埋下草蛇灰线。

是为序。

南北交互——南方报业社长总编辑口述史
（第一辑）
CONTENTS

## 001 | 杨 奇
"我在南方日报社只做了两件事"

一、《南方日报》从筹备到创刊 // 003

二、南方日报社开头几年的情况 // 013

三、华商报人与南下干部的相处 // 022

四、南方日报初期最大的一件事 // 025

五、批评广州有机肥料厂盲目兴建的报道 // 028

六、南方日报的"三反"运动 // 038

七、"文革"对我审查的结论 // 043

八、缅怀黄文俞等老一代南方报人 // 046

九、关于对自己在南方日报工作的评价 // 048

十、关于对新闻工作的看法 // 049

# 053 | 曾彦修
"创刊时期的工作我只做了1%"

一、南下广州，中途"降职" // 055

二、《南方日报》创刊，杨奇、王匡功劳最大 // 058

三、"99%的领导工作是杨奇在做，我只做了1%" // 064

四、根本不信杨奇会贪污一分钱 // 069

五、南方日报初期人马"超过上海，超过北京" // 075

六、实事求是办党报 // 078

七、广东反地方主义、侨乡调查以及土改 // 085

八、南方日报和"大镇反" // 090

九、怀念煲仔饭 // 097

附：广东"地方主义"与海外奇谈 // 099

## 117 | 陈鲁直、成幼殊
### 从"先生"、"小姐"到"新华社"

一、重新学习 // 119
二、杨奇与曾彦修 // 123
三、昔日同事和南方日报 // 127
四、关于"大镇反" // 133
五、诗心与换装 // 137

南方报业社长总编辑
口述史
（第一辑）

# 杨 奇

## "我在南方日报社只做了两件事"

时　间：2013年1月6日、1月24日、4月26日
采访人：曹　轲、罗永新、吴自力、王　悦
摄影/视频：郭智军

杨奇，生于1922年，广东中山人。1940年毕业于香港中国新闻学院，并任《文艺青年》半月刊主编，1941年奉命到广东游击区办报，先后任《东江民报》主编，东江纵队机关报《前进报》社长。抗日战争结束后，返香港创刊《正报》，任社长；1947年初，协助乔冠华筹办新华社香港分社；同年10月任《华商报》经理、代总编辑。中共香港工委候补委员、报刊委员会副书记。1949年10月，任《南方日报》副社长。1957年参与创办《羊城晚报》，长期任总编辑，直至"文化大革命"该报被封。1973年任中共肇庆地委宣传部部长。1974年10月起任广东人民出版社社长、广东省出版事业管理局局长。1978年重返香港，历任中央驻香港代表机构新华社香港分社副秘书长、宣传部部长、秘书长。1988年接任《大公报》社长，1992年离休。

## 一、《南方日报》从筹备到创刊

人老了，称"杨老"，不敢当，长征干部才算老。我无非是年纪大一点、工作时间早一点，你们叫我老杨好了。

这张照片（见右图）是处理过的，本来有块三角彩旗挡住毛主席的脸，后来是羊城晚报出书的时候，把挂着的一列彩旗处理掉了。拍照时间1949年10月22号的可能性比较

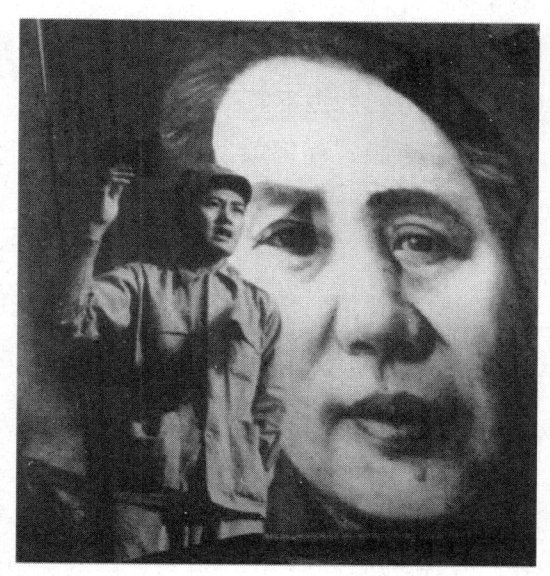

大，23号南方日报就创刊了。创刊之前跟职工讲话，穿的那件列宁装①，是在香港定做的，饶彰风一套，我一套。在香港，当然不能穿。其实，在广州也不合适。那时候，男女干部穿的不是灰布便是蓝布做

---

① "10月22日，从教导营来的同志穿上新发的军装，佩上'广州市军管会'的肩章，列队到新亚酒店听李凡夫副部长的动员报告后，随即开进光复中路南方日报社。"（周方旸：《报头的由来及其他》，《南方日报与我——《南方日报创刊五十周年纪念文集》，南方日报出版社，2009年。）周方旸时任南方日报编辑部秘书。1949年10月14日，"李凡夫乘车到达粤北翁源县龙仙圩。当天下午电报传来广州解放的喜讯。16日傍晚赶到广州，从沙河进城，进驻太平南路的新亚酒店"。（鲁阳：《我参加了对旧报馆的接管》，《源流》2002年第12期。）

的制服,我们在香港做的米黄色列宁装只好收起来啦!① 你问我在创刊时多大? 27岁。我20岁时就被委任为《前进报》社长,"蜀中无大将,廖化做先锋"嘛!

那个时候,我们这一类人,"文人办报"的人,回到广州来办党委机关报,一切要从头学起,觉得要向解放区的老大哥学习,还不懂得像罗韬分析的那样,有"北方流派"和"南方流派"②之分。那个时候,《华商报》任何人都不会办党委机关报,包括饶彰风这样左联时期的老前辈,他也不懂得怎么办。

为了迎接广州解放,中共香港工委在1949年7月给《华商报》党总支下达了一个任务,要求迅速了解广州国民党报纸和民营报纸的情况,并提交一份关于广州解放后如何协助南下的新闻干部创办一份华南分局机关报的报告。这项任务是由饶彰风同志向我布置的。③

我们接受任务以后,是怎样作准备的呢?

第一,思想方面的准备工作,主要是对干部进行形势教育,讲清楚南下大军过长江的情况和光明前景。这包括《华商报》统一领导的3个单位,即华商报社、有利印务公司、新民主出版社。在此之前,我们曾经传达过"打倒蒋介石,解放全中国"的形势与任务;后来形势发展很快,南下大军势如破竹,所以,7月以后进行的思想教育,

---

① 1950年9月,到南方日报报到的大学生刘军后来回忆:"刚解放,百废待兴。先到报社的同志一律穿着组织发给的灰色粗布制服。"(刘军:《信念坚定 金石为开——忆《南方日报》创刊初期岁月》,《新闻战线》2010年第2期。)刘鹏以上海为例,认为这种着装上的改变,反映了新旧新闻文化的激烈冲突(刘鹏:《换装——解放初上海新闻文化变迁一瞥》,《新闻与传播研究》2013年第1期,第105~116页)。

② 详见罗韬:《试论现代新闻史上的"南方流派"——〈粤港飞鸿踏雪泥〉代序》,杨奇:《粤港飞鸿踏雪泥——杨奇办报文选》,羊城晚报出版社,2008年。

③ "为迎接广州解放,饶彰风于1949年5月安排在香港的革命文艺青年200多人分批进入粤东地区,7月1日在梅县成立了华南文工团,后来这些人成为广东省话剧团、歌舞团、乐团、珠影的主要力量"(李小瑛:《风范长存饶彰风》,《源流》2007年第1期)。

主要是迎接南下大军,解放全广东。当时,在《群众》、《正报》等报刊上,发表了不少分析形势的文章,正是为了迎接广东解放作思想准备的。我们要求大家认真学习这些文章。接着,就是动员全体职工准备到解放后的广州办报。为了保密起见,我们没有说要停办《华商报》,而是分别找干部职工谈话,问他们愿不愿意回广州参加报纸工作?家庭有什么困难?当对方表示同意之后,就告诉他如何做好准备。

第二,组织方面的准备工作,主要是关于办报方案和干部配备。饶彰风要我草拟一份关于创办华南分局机关报的方案。关于报纸的名称,最初并不是叫《南方日报》。因为考虑到华南分局不只管一个省,不好叫做《广东日报》,所以建议称为《珠海日报》。方案中关于干部配备,并没有建议饶彰风担任或兼任社长。当时以为南下干部队伍中,总有不少富有解放区办报经验的同志,而我们这些在白区办报的人,一下子是不适应解放后办党委机关报的。所以,对于从香港到广州的干部,饶彰风只是提了几个可以做一些部门副手的名单。后来饶彰风告诉我:这个方案已用电报发去赣州,由方方向叶剑英汇报了。

在动员干部、职工到广州参加工作中,以有利印务公司最为顺利,因为很多骨干都来自东江纵队。除了一个在香港聘请的领班没有一起到广州之外,全部工人都回来了。进城以后,我挑选了一部分党员工人到华南分局去筹备华南分局印刷厂。至于新民主出版社的干部职工,则全部调去新华书店华南总分店和广东、广州市分店。

第三,物质方面的准备工作,主要做了两件事:

一是准备印刷机。我们了解到国民党办的《中央日报》,每天只印800份,原有的一台卷筒印刷机用不着,长期封存起来,而且这部卷筒机残旧，显然无法适应解放以后的印报需要。这时，我了解到香港《大公报》已买下的一台美国司各脱厂超高速轮转机，在仓库放着，社长费彝民愿意按原价90万港元出让给我们。但是，香港工委拿不出这笔钱，也没有物业可向银行抵押贷款，只好由饶彰风打电报给方方同志，请他转报中央解决。后来，中央拨了90万元港币来。广州解放之初，中央曾有电报来追还这笔款项，我们这才知道，这笔款原来是朱德总司令从他掌管的党费中借出来的。这部超高速印报机，后来就从海上运到广州安装使用。

二是准备新闻纸。广州解放前，市面早已没有卷筒纸。于是，1949年间，我通过邓文田、邓文钊①由华比银行向加拿大、挪威等国订购了三大批31英寸和43英寸的卷筒白报纸。当时，华商报社根本没有钱可以交付订金，只是由我在合同上签字，订明货到之日便得付款出货，并缴交华比银行代付订金的利息。这样，大家满以为广州解放之后便有卷筒纸可用了，谁知接管国民党广州《中央日报》后，把印刷机上积满灰尘的油布拉开，才发现这部卷筒印报机所用纸张的尺寸，既非31英寸，也非43英寸，而是32.5英寸的特殊规格，这一来，原来先订下的新闻纸都不适合，只得另想办法。

现在，再具体谈谈我们是怎样防止受到国民党特务的破坏活动、把《华商报》全体职工安全地输送到广州的。

同年9月中旬，我们接到中共中央华南分局的指示：一俟广州解放，《华商报》即行停刊，把全部干部职工送到广州，尽快创办《南方日报》。于是，我在华商报社、新民主出版社、有利印务公司党总支之下，成立了一个5人领导小组，负责干部、职工的撤离工作。5

---

① 邓文田、邓文钊是廖承志的表兄弟。邓文钊曾任广东省副省长、全国工商联副主任委员等职，妻子何捷书是何香凝的侄女。1971年被迫害致死，终年62岁。（详见慧冰：《中国共产党的老朋友邓文钊》，《广东文史》2004年第3期。）

人小组的成员是孙孺、麦慕平、洪文开、周方旸、莫广智。① 同时决定：尽量把原有工作范围缩小，把两个人的工作由一个人去做。在此之前，为了迎接南下大军接管广州，已经在惠阳县王母圩成立了干部教导营，从华商报社、新民主出版社、有利印务公司3个单位分批抽调出来的职工，就是先送到东江教导营学习的。② 附带说说，为什么把教导营放在惠阳县呢？这是由于估计解放军南下部队可能从东江迂回，先跟粤赣湘边纵会合，然后进入广州。后来的情况并非如此，解放大军是从粤北直接南下的。这样一来，我们就得把集中在惠州一带的干部分由水陆两路送到广州了。

另一方面，就是要坚守《华商报》的工作岗位，坚持出报工作。这时，新中国刚刚诞生，宣传报道任务很重，而人手越来越少，同时还要加紧为《南方日报》的创办做好准备，工作之艰巨，不言而喻，简直是"三头六臂"都用上了。饶彰风通知我：广州一解放，《华商报》就停刊，把全部干部职工送走。哪一天知道广州解放，那一天就出版最后一张报纸。第二天，所有干部职工都要离开香港，这是半点也不能含糊

---

① 领导小组成员分工：孙孺为组长，全面领导；麦慕平管政治思想工作；洪文开管宣传；周方旸管交通联络；莫广智管总务生活。（见李春晓：《路漫漫兮求索——记粤港一代报人杨奇》，花城出版社，1995年，第90页。）孙孺（1914～1987），生于新加坡。广州解放后"分配到省外贸局，兼出口商品检验局局长，后来任外贸局副局长，因为他在《华商报》时主要负责外贸方面的新闻活动，对业务驾轻就熟，外贸工作是胜任偷快的"。（见赵元浩：《忆老战友孙孺》，《南方经济》1992年第3期。）《华商报》"负责经济版采访兼编辑的，虽然只有赵元浩和孙孺两人，但他们干得很出色。后来他们还为创办《经济导报》杂志立下了汗马功劳"。（见杨奇：《粤港飞鸿踏雪泥——杨奇办报文选》，羊城晚报出版社，2008年，第61页。）1966年10月6日，南方日报编委常委、秘书长洪文开被迫上吊而死。（见《南方日报社史（1949～1989）》，第188页。）

② "从华商报回到南方日报工作的人员，分为两批。第一批是准备随南下大军进入广州的，他们早在广州解放前即回到东江游击区，参加干部教导营学习；第二批俟广州解放，《华商报》终刊，才离港回穗。其中参加第一批的编辑记者有华嘉、岑荔丹、梁彬等同志。他们十月初从大鹏半岛的王母圩出发，行军至河源，然后乘船于10月20日到惠州，21日到广州。"饶彰风和杨奇"刚好搭上教导营的船（杨奇按：船是两广纵队征用的），和教导营的同志一同于21日到达广州"。（见周方旸：《报头的由来及其他》，《南方日报与我——〈南方日报〉创刊五十周年纪念文集》，南方日报出版社，2009年。）

的。所以，组织工作非常繁重，尤其是那些一面坚持出报、一面准备随时到广州办报的干部职工，工作很紧张，心情也不平静。

10月14日下午，我们知道南下大军即将进入广州，就立即分头通知所有干部职工次日离开香港，对于那些上夜班的，则通知他把简单的日用行李带到报社来，第二天一清早到茶楼饮茶，会有人带他到东江，然后坐船回广州去。当时，凡是确定要回广州办报的人，已经把家务安顿好；有些人还向别人借了点钱，安顿好自己的老婆、孩子。他们接到通知之后，都高高兴兴地上夜班，但并不知道全体人员都要到广州去。到了晚上12点钟，上夜班的人照常吃过夜宵，隔邻那家小饭馆海景楼的伙计已把"外卖"的碗筷收走了，我便通知关上大铁门，同时把我事先写好的社论《暂别了，亲爱的读者！》发到排字房去。这时，《华商报》停刊的消息，就像一股强大的气浪，冲击着每个夜班人员的心，大家再也按捺不住，互相询问去向，一时间毫无秘密可言了。原来，不只是自己明早离开香港，而且是全体人员都一起去广州的。

凌晨4点多钟，最后一期《华商报》印出来了。5点多钟，全体职工就按通知分别到附近的大三元、银龙酒家、清华阁等茶楼吃早餐，五六个人一桌、三四个人一桌，每桌一组。不同桌的，互不交谈。组长等到带路交通员来到之后，便结账离开，由交通员带路，在不同的地点分别搭车，先到大埔，然后搭木船到沙鱼涌。这里已经是我们部队控制的地区，这时，大家才有说有笑，年轻的还纵情唱歌。吃过午饭，陆续到惠州集中。东江教导营早已有人在等候。就这样，除了饶彰风和我少数几个人之外，全体职工便安全撤离香港了。

当日上午9点钟，港英政治部的人上班，看到《华商报》的社论和休刊启事，才如梦初醒，立即派人到报社了解情况，特别是想了解

《华商报》人员的去向。事先,我们已预见到这种情况,成立了一个三人小组做善后工作。这三人,一是经理部总务课的苏志成,一是印刷厂的马鹤鸣,一是不属报社编制的陈梦云,她负责每月发生活费给离港干部职工的家属。苏志成留守报社,由他应付港英政治部来调查的人。

饶彰风和我二人在《华商报》停刊后观察了3天,处理了一些事情,便按原定计划,在17日晚接李章达先生到尖沙咀一个空置的房子住下来。18日一早,我们3人在交通员带领下,先坐车到大埔,再坐船到沙鱼涌上岸,然后兼程赶到惠州。这时,两广纵队曾生、王作尧等也到达了惠州。于是,我们就同他们一起,坐上一艘电轮拖带的大客船,经过一天一夜的航程,在20日到达广州,入住东亚酒店。饶彰风和我立即前往爱群大厦,向华南分局宣传部长肖向荣、副部长李凡夫报到。

肖向荣亲切地说:"到广州来的南下干部中,办过报的只有几个

华商报人返穗途中

人。你们从香港回来，好极了。"然后，他郑重地传达了叶剑英的指示，说华南分局已任命饶彰风为统战部副部长，兼南方日报社社长，杨奇任副社长，曾彦修任总编辑。当饶彰风和我汇报了《华商报》停刊的经过，以及60多名干部职工正在惠州候船赶来广州的路上之后，李凡夫说："曾彦修等待你们几天了，你们赶快同他接上头，尽快出版《南方日报》。"

于是，饶彰风和我直奔光复中路这家还来不及换新招牌的报社。在三楼，找到曾彦修、曾艾荻、吴楚等人。大家一见如故，分外亲切。饶彰风招呼各人坐下，传达了肖向荣和李凡夫的意见，对大家说："我主要是协助参座（指叶剑英）做统战工作，办报的事情就靠各位了，希望南下的老大哥同香港来的干部团结合作，办好《南方日报》。"最后，大家商定：广州解放已经6天了，《南方日报》必须在23日创刊。

饶彰风离去后，我急于到各层楼走走，看看出报所必须的条件是否具备。编辑部有曾彦修挂帅，《华商报》原有的领导干部杜埃、华嘉、姚黎民以及潘朗等一批编辑、记者，日间将会从惠州赶来；经理部方面，洪文开和财务、发行、广告、总务各科室的干部也将在明天到达。干部虽少，还是可以开展工作的；令人担心的倒是排拼、印刷方面的人力物力。

国民党这家报社的设备，实在可怜得很。无论从哪一方面看，都与它那吓人的"中央"招牌毫不相称。整间报馆，不过是四层狭窄而阴暗的楼房，故而有"腊肠楼"之称。设在三楼的编辑部，只有十多张残旧桌椅，电话机也仅得一部，没有图书资料，连一本《三民主义》也找不到，其他更不用说了。楼下是印刷车间，仅有一台卷筒印报机，却用油布封存起来，上面积满灰尘。当我请工人把油布揭封后，这才发现它是一台早该报废的残旧设备，而且它所使用的卷筒纸，并不是常见的两种国际规格，而是32英寸半的特殊规格。这一来，我们原先在香港订购的新闻纸不合用了，想利用接管的这台卷筒机印刷《南方日报》也根本不可能了。这一来，迫使我不得不考虑：在香港花了90万元买下的美国司各脱厂高速转轮机，必须赶快运到广州，同时要尽快物色地方新建印刷厂才行。至于当务之急，则是要与附近的《越华报》接洽，租用他们的卷筒机代印《南方日报》了。

排拼车间的情况，却比印刷车间好得多。《中央日报》停刊时，国民党曾经强迫工人将平板印刷机、铅字和字架，搬到长堤天字码头，打算运到海南岛去。但是，还来不及搬上船，人民解放军就进入广州了。文教接管委员会动员工人把全部物资搬回报社，并正在整理中。我到车间同他们谈心，感谢他们保护报社的资产，进而讲解了我党对留用人员的政策，还说明日间将有一批香港《华商报》的工人到来，与他们一起工作。我特别讲了《南方日报》的性质和任务，并已决定在10月23日创刊，平日出纸一大张，创刊号则出两大张；为此，请他们尽快浇铸新字、整理字架；22日上午休息，下午分两批先后上班，报社一律供应夜餐等等。工人们听得很认真，反应也很快。一位领班和两位工人先后表示："好！23日出报，没问题！""排8个版，我们办得到！""社长怎样讲，我们就怎样做。"①

要创办一张新的报纸，没有知识分子与工人的共同努力，将会一

---

① 1949年10月21日，广州军管会宣布成立。文教接管委员会正副主任由李凡夫、饶彰风分别担任。隶属文教接管委员会的新闻出版处，处长由饶彰风兼，副处长由王匡担任。……以罗戈东为军事代表的军管小组首先接管了《中央日报》社，把印刷机接管下来，供中共中央华南分局的机关报《南方日报》使用。（详见鲁阳：《我参加了对旧报馆的接管》，《源流》2002年第12期。）"当时报社决定由麦慕平、唐初、洪文开、周方旸和我组成5人接管小组，负责将军管会文教接管委员会接管的国民党《中央日报》接收过来，对所有原《中央日报》编辑、经管人员全部不用，只留下印刷工人。"（见莫广智：《初创时期的广告科》，《南方日报与我——《南方日报创刊五十周年纪念文集》，南方日报出版社，2009年。）

事无成。如今，听到排拼工人响亮的承诺，我心里踏实了。我把这些向曾彦修汇报后，他认为一切都已就绪，各版的稿件也准备了，只是还差一件重要事情，那就是毛泽东主席为《南方日报》题写的报头尚未到手。原来，叶剑英、方方从赣州进入广东时，曾致电仍在北京即将南下的张云逸，托他就近请毛主席为《南方日报》题写报头。10月13日，毛泽东立即写好，交叶子龙送给张云逸。可是，由于张云逸仍在途中，赶不上在创刊前送到。为此，我们请示了肖向荣，经叶剑英同意，由李凡夫写了报头，暂时刊用。所以，11月12日以前，《南方日报》四个字，不像是书法家的字。后来张云逸到了广州，才收到毛主席的题字。晚上我们一看，毛主席多写了几个，这四个字有好的，那四个字也有个别好的。结果我们剪下来拼成《南方日报》。曾彦修一看，他说还不行。"南"字旁边一竖，离得太远了，曾彦修把那一竖笔移上一些，比较好看了。这是曾彦修剪的，也算是胆子大了。但都是毛主席的笔迹，不是别人的。那个时候还没有文革那么严重，文革时候，报上的毛主席像，你要是涂污一点，都会成为反革命。这个事情，周方旸在《南方日报》写过文章。

　　《南方日报》创刊号经过21、22日两天的紧张工作，终于在23日天亮时印制出来了！报社人员迫不及待地捧着带有油墨香味的报纸阅读，除了看到《广州市军管会成立》、《广州警备司令部成立》等重要新闻外，特别令人注目的是那篇《新的中国 新的广东——本报的发刊词》。这篇文章是曾彦修精心撰写的，字里行间充满着革命激情。这篇发刊词的最后一段，可以说是南方日报社同人的"宣言"：

　　"本报是中国共产党中央华南分局的机关报，也是华南人民意志的传达者，除了中国人民和华南人民的利益之外，我们没有别的利益……"

## 二、南方日报社开头几年的情况

刚才说国民党《中央日报》不像样，办公楼很窄，没有宿舍。所以《南方日报》创刊的那十来天，有一部分人晚上就在报社里面打地铺，铺一张毯子垫地上就睡觉。于是，大家分头找房子。不几天，就在光复路附近租到一间空置的房屋，赶快把它清理了一下，用木板把它间隔开，这才解决了十来个人的住宿问题。①

就在这个时候，王匡跑军管会，找了三幢房子，都是在沙面。一幢给广东分社，一幢给广播电台，一幢给南方日报。广播电台那幢更漂亮，在江边。《南方日报》那一幢是原万国宝通银行，在复兴路42号；库房有个大铁门，钞票锁在里面。我那个时候也是想办法去找房子，但没有想到要由军管会来拨房子。王匡一找就找到三栋房子，了不起。

1950年5月1日，南方日报社便搬到沙面复兴路办公。后来我们又在宝通银行旧楼址斜对面，找到原来美国新闻处的一座楼，做南方日报的宿舍，后座楼上有两个房间，曾彦修住一边，我住一边。②

---

① 何继宁回忆："现在我们这栋广州大道的办公楼，已经是《南方日报》的第六个报址。报社诞生地位于光复中路，是原国民党政府南逃广州后《中央日报》的临时报址。那时，从工作到生活条件都很艰苦，但大家斗志高昂。办公楼破旧、狭窄且不说，而且电灯不明、电话不灵、自来水不清，又经常停电，这给靠晚上编辑、排版的出报工作造成极大的困难。为了保证出报，经营部门的同志每天都要"陪"编辑上夜班。停电了，点上蜡烛和煤油灯；稿纸、墨水不够用，立即补充。当时正是百废待兴的时候，报社工作人员过的是清贫生活。有时晚上听到街上叫卖云吞的竹板声，记者编辑们馋涎欲滴，便两人合买一碗云吞面来解馋。由于大家多是从香港等地回来，只得在办公室打地铺。部分工人则用报纸或卷筒纸皮铺地，蜷缩在楼梯底下打盹。"（见《南方日报》2009年4月23日。）

② 1950年9月，"那时，报社宿舍已搬到广州沙面复兴路27号，另有些分散在别处。该楼分为东西两部分，东面住着潘朗一家，西面住着副总编辑曾艾荻一家，北厅约20多平方米，我和林延隆等5人就落脚那里，南厅住着其他七八人，很逼仄。时值争秋夺暑季节，又无风扇，热得够呛，而且晚上睡前十多人要排队在一个浴室等候洗澡。"（见刘军：《信念坚定 金石为开——忆〈南方日报〉创刊初期岁月》，《新闻战线》2010年第2期。）

1949年10月1日,在华商报社天台上升起香港第一面五星红旗,社长饶彰风(后为南方日报第一任社长)讲话

华商报全体人员和在港有关单位人员以及家属1949年10月1日在华商报社天台上合影(后排左一为成幼殊)

　　《南方日报》是中共中央华南分局的机关报,如何办好这个报纸,才是最重要的问题。我以前跟到访的记者说过,我一生参与创办

的报纸，最艰难惊险的是《前进报》，在游击区，那时是惊险得很。第二，最想方设法的是《华商报》，在香港，经济上有很多困难，还要让国民党统治区的人民看得到，想了很多办法。①第三，最没有经验的是《南方日报》。第四，最提心吊胆的是《羊城晚报》。因为创办的时候反右派还没有结束。陶铸下决心要办，"羊城晚报"这四个字，就是陶铸题写的。后来复刊，才是叶剑英的墨迹。

为什么提心吊胆呢？毛主席批评了《文汇报》的资产阶级方向，也批评了上海《新民报》。我跟赵超构有往来，信还留着。那个时候，他提倡副刊文章要"广些，广些，再广些；短些，短些，再短些；软些，软些，再软些"，作为办晚报编副刊的方针。结果，光是抽出后一句来批判。这是赵超构跟我讲的。他的笔名叫做林放。上海市委给他宿舍，他不搬。他说："我在里弄里面，才接近老百姓。"他每天写那些《未晚谈》专栏的文章，跟老百姓接触很多，我写不来。所以我很尊重这位报业老前辈。他也去访问过延安。

话说回来，办《南方日报》是最没有经验的。那个时候不细心不行，没有一个人懂得解放区办报的事情。而南下的干部只有四个人。②曾彦修是延安来的，很能写。你们要访问曾彦修，我想还是赶快。他今年已经94岁，要抢时间啊，而且他是南方日报社真正的第一任社长。饶彰风挂名了一段时间，但他实际上主要在统战部，没有来过报社上班。

《南方日报》创刊之初，不是原《中央日报》的机器印的，是托《越华报》印的。所以开头的时候南方日报很困难。1950年，我向广州市政府申请拨给一块地皮，在岭南文物宫（后来改为文化公园）斜

---

① 详见李春晓：《杨奇在〈华商报〉工作的最后三年》，《粤港飞鸿踏雪泥——杨奇办报文选》，羊城晚报出版社，2008年。

② 四个人中，两个干部是曾彦修、曾艾荻，一个年轻人是吴楚，一个南下女青年是周宁霞。

对面的新基路37号新建了一座南方日报大楼。1953年，从香港运回的高速轮转印报机安装好之后，南方日报就在这里印刷和发行，一直到1968年9月1日军管会决定：南方日报、羊城晚报、广州日报三报合并，才搬到同乐路广州日报原址办公，不在新基路印报。

机器（司各脱印刷机）运回来，是费了好大劲，但是并没有买通香港的官员。《南方日报》派了陈革[①]等两个人从海上坐船运回来的，不是偷偷运回来的。离开香港要办手续，机器运回来是正常的，我敢保证，没有花过冤枉钱。

《南方日报》创刊时，办报方针就是按照党的"三大作风"来办，即"理论联系实际"、"密切联系群众"、"开展批评和自我批评"。[②] 我现在还保存有中央宣传部编印的《〈真理报〉的工作经验》，以及南方日报编印的《改进我们的报纸工作》，你们可能都没有了，这本（《改进我们的报纸工作》）是全国第一次新闻工作会议，我代表南方日报出席，回来就编了这个册子，编得不怎么好，但都是按文件精神编的。当时全国都学真理报，南方日报一度成立"党的生活部"[③]，便是学习真理报办的。

1950年4月，中共中央华南分局决定的党报委员会，其实就是一个领导机构，等于是把宣传部、新华社、报社的头头集中起来作为

---

[①] "1949年11月中下旬，报社陈革同志从香港华商报运回一批重要物资，其中包括当时全亚洲最先进的美国司各脱印报机和一批纸张，停放在广东火车东站（现在的白云路）。"（杨沃荣：《护机记》，《南方日报与我——《南方日报》创刊五十周年纪念文集》，南方日报出版社，1999年，第43页。）

[②] "我们一踏进报社，就看见楼下大厅横梁上挂着一条大横幅，十分醒目，写着《联系实际，联系群众，批评和自我批评》，提示南方报人要时刻记住发扬我党的三大优良作风，做好工作。"（见刘军：《信念坚定 金石为开——忆《南方日报》创刊初期岁月》，《新闻战线》2010年第2期。）

[③] "1956年，《南方日报》不断加强了开展批评的力度，动员各部采编力量投入作战，并由号称报社第一部的党的生活部（这是从苏联《真理报》那里照搬过来的，不久以后取消了这个部）担任主力攻坚。"（黄文俞：《回忆办报二三事》，《南方日报与我——南方日报创刊五十周年纪念文集》，南方日报出版社，2009年。）

一个报纸的领导机构。没有实际上的办公与决策，不像现在这么完整。中共中央华南分局常委会议，主要是曾彦修出席，曾彦修去云浮土改，那就是我列席，参加过八次。我至今还保存有《叶剑英与华南分局档案史料（上下两册）》。

曾彦修在延安没有办过报，南下时，中共中央组织部内定他做华南分局宣传部副部长。

到了赣州时，叶剑英、方方要他先做一个时期《南方日报》总编辑，主持笔政，十分必要。他写社论很快，晚上上班时他可以即时写。当然，同样厉害的还有刘思慕。他是《华商报》复刊后总编辑，著名国际问题专家。晚上一方面写社论，一方面审阅翻译好的英文稿。写几句，有其他事情就停下，然后再写。他又是民主党派的，活动很多。下班了，睡三个钟头就起来去开会。我说他是个铁人。本来是要来当《南方日报》总编辑的，没有来成，因为上海解放在先，把他

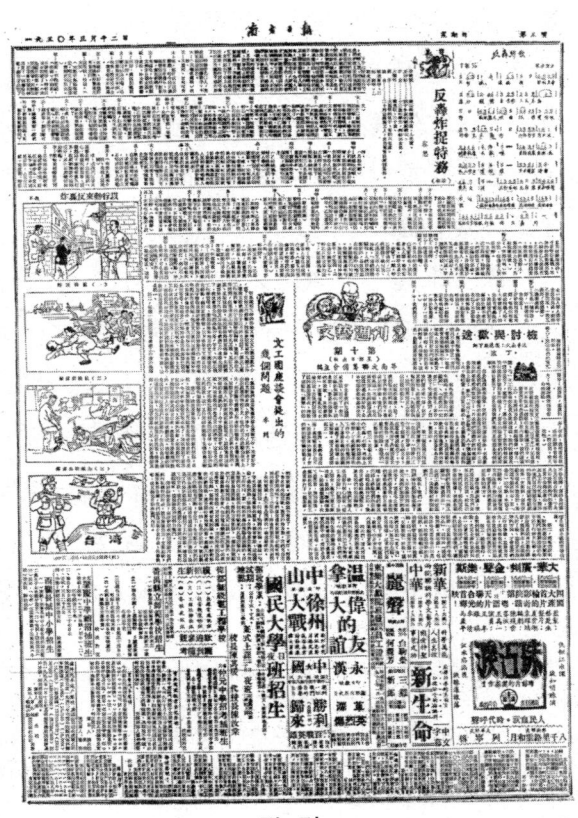

副 刊

拉去了。①

《南方日报》创刊初没有副刊。《人民日报》当时也没有副刊，以后才有。陶铸同意让《羊城晚报》登副刊，一创刊就是两个版。一个是文学的"花地"版，一个是综合性、趣味性的"晚会"版。他很赞成这样办，所以我说，陶铸在宣传工作方面，是了不起的，能突破机关报的框框。

当时要求机关报指导工作，所以，有关文件、工作经验、各个厅局的工作总结，记者都会拿来改成为新闻。应该说，这不能算真正的新闻。记者应该做观察家，而不应做秘书。广大读者最需要看什么，记者就应该给他报道什么，群众想说的话没有说出来，记者就应该帮他们说出来。这才是真正的记者。当时，各个厅局通知开会，记者就去了，会议结束，就把材料拿来编写新闻，工作总结变成报上新闻的主要来源。现在当然不能这样子了。

关于报道省市领导人的讲话问题，陶铸打电话给我们，不应老是说，"XX同志做了重要指示"。他不赞成这样写。他说，我讲话的内容如果没有经过中南局讨论，作为文件下达，也只是讲话而已，不能说是指示，更不能都说是重要指示。这是陶铸亲口讲的。②现在一些官员没有登他的"重要指示"，就如同欠他的债。这一点也让我们怀念这位老领导。

1950年全国报纸工作会议，我参加了。记忆中这次会议没有强调"企业化管理"，但是，在实际办报中，是有经营管理问题的，比

---

① 关于杨奇心目中的刘思慕，另可见杨奇：《默诵遗篇悼我师》，《粤港飞鸿踏雪泥——杨奇办报文选》，羊城晚报出版社，2008年，第70~72页。

② 1960年6月20日，陶铸对广东各新闻单位负责人的一次谈话："增产数字不要轻易报道。'优越性'、'巨大成绩'、'伟大成就'等字眼，也不要随便用。对领导干部的讲话、个人照片等，都不要随便登。报纸要着重表扬人民群众和基层干部的劳动创造。……今后许多会议消息都不报道。省一级的会议，一年大概有三、四次会议见报外，其他都不登报。总的精神是，要少讲一些，要力求讲得可靠，不成熟的东西，许愿的东西，不能登报"（见陶铸：《改进报纸的宣传工作》，《陶铸文集》编辑委员会编：《陶铸文集》，人民出版社，1987年，第206页）。

如发行。本来广告与发行是相辅相成的，发行好了，广告户才愿意登。广告多了，工商界订报的也多，相辅相成。南方日报重点搞发行，那时候协助我搞经营业务的叫洪文开，他是兄弟图书公司出身的。我为报社订过一些发行的规章制度，但都没有保留下来。当时全省交通不很顺畅，发行还不是很容易。①解放初期时商业也不发达，《南方日报》就很少有广告登。②政府那些公告、通告会在《南方日报》登，但是

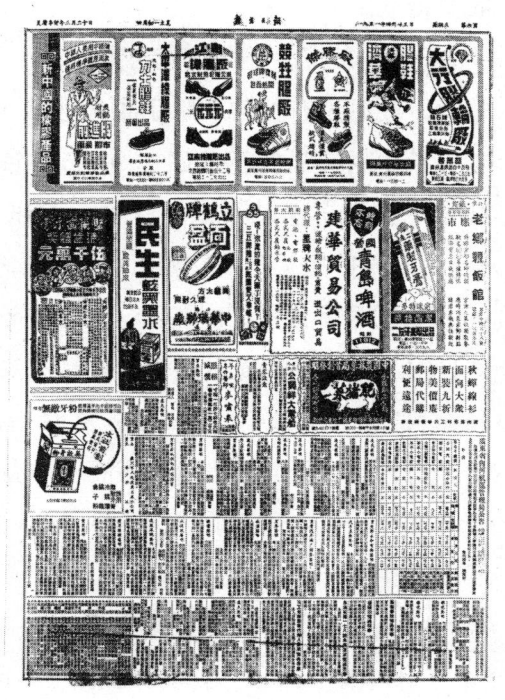

广告版面

---

① 1950年1月27日，《南方日报》创刊仅仅三个月，华南分局第一书记叶剑英同志在分局宣传部工作会议上，作出了关于报纸下乡的指示，要求《南方日报》面向华南，加强报纸对地方工作特别是农民运动的指导。1950年3月中旬，报社开始在各专区设置地方记者，如潮汕专区、兴梅专区、惠阳专区、韶关专区、珠江专区、肇庆专区、湛江专区等等，后来又增设了海南行政区记者和广西记者。这应该就是早期地方记者站的雏形（。见周方旸：《创刊5个月就设地方记者》，南方日报2009年5月5日。）

② 创刊之初，"广告科还未成立，只由游国光负责接刊门市广告，另有人负责广告发稿、校对"，"直到12月，我们发现广告工作十分混乱，领导决定立即成立广告科，将我调任广告科科长"，"针对存在的问题，我吸取《华商报》开展广告工作的经验，先着手制订了《广告刊登条例》、《门市接稿工作细则》、《编发排版工作细则》、《校对工作细则》、《通讯联系、刊户来访工作细则》、《外勤工作细则》，还制定了对各地广告公司回佣、国内报社互接广告关系等规定"。"广州解放初期，国民党飞机常来骚扰，有时还投下炸弹。有一段时间，我们是上午休息避过空袭，下午、晚上上班。没到下午一开门，刊户便汹涌上来争先订位刊登，门市部的游国光和出纳郑凯应接不暇。要求刊登的多是遗失、寻人、悔过等启事，商业广告则以成药中医和戏院广告为多，他们每日送稿来，每月结账一次"。（详见莫广智：《初创时期的广告科》，《南方日报与我——南方日报创刊五十周年纪念文集》，南方日报出版社，2009年，第34页。）

收费很低。

《南方日报》不用华南分局拨款，可以自负盈亏。《南方日报》创办时，政府没有拨款。除了中央拨款买印刷机器的钱，后来由方方打电报给中央，最终不收回这90万块钱，这就等于给了报社一笔钱。纸张是我们自己从香港运来的，报纸发行量大，有钱赚，可以发工资。《南方日报》不用交税，也是华南分局规定的。①

至于跟民营报纸的关系，讲实在话，解放初期的读者都想看《南方日报》，那些民营报纸生存空间越来越小。所以，南方日报销量增长比较快。政府对民营报纸，并没有下命令取消，只是需要重新登记。民营报纸无论在内容与发行上，都无法与《南方日报》竞争。

那个时候，香港的报纸不让进入内地。1950年，《大公报》《文汇报》少量进入，在广州有一个办事处。报纸不是公开卖，而是订阅。所以谈不上什么激烈的竞争。

《羊城晚报》是由南方日报社负责创办的。1957年8月，编委会决定抽调我和邝继梓、刘逸生三人成立筹备工作小组（9月间又增加了陆玉、陈眉、江林三人）。经过多次商讨，由我执笔写成两个文件：一是《关于羊城晚报的方针、组织机构等问题的建议》，二是《关于羊城晚报版面安排的初步方案》。9月1日，编委会就批准这两个方案了。在《南方日报》初期，我写的东西不多，主要是抓经营管理，尤其是报纸发行工作。到了办《羊城晚报》时，主要精力就放在编辑上。没有什么经验可谈，只能说是不出差错就放心了。

---

① "吃饭在大饭堂，多为一碟以菜为主加几块肉，喝大盘菜汤。新中国成立后经济恢复时期，干部都实行'供给制'，生活艰苦。到1950年，南方日报等部分单位转为'低薪制'，除衣食住行开支外，所余无几。但大家为了建设新中国这个崇高理想，都不讲价钱，不怕艰苦，埋头苦干。"（见刘军：《信念坚定 金石为开——忆〈南方日报〉创刊初期岁月》，《新闻战线》2010年第2期。）

解放之后，很长时期向苏联一边倒，办报也学苏联，① 邮发合一②，也是照搬苏联的经验。《南方日报》就是这样子。到了《羊城晚报》，我突破了一点，请了四十多个没考上大学的中学生，买五十部单车给他们去送报。另外就是主张有报摊零售，我这样做，当然就得罪了邮局。那个时候省委有个交通部，它就告状，说我破坏"邮发合一"。我说："广州还有很多人失业，两碗饭到底是三个人吃好，还是两个人吃好？邮局为什么不吸收一些人来设立一些报亭和报摊？"结果，交通部最后决定：一方面要《羊城晚报》移交给邮局发行，另一方面要邮局吸收一些青年人来骑单车派报。开始的时候，发行量掉下来了，两个月以后才升回去。

广告一直不行，两张报纸（南方日报与羊城晚报）都不行。现在各个报纸都有许多广告。

附带一说，我对现今的报纸的广告版与新闻版不分界限，很有意见。我问过，为什么不能用粗一点的线条分开？报社的回答说：广告客户不干。我认为，起码新闻版和药品的广告要明显分开，不要让人家误会。呵呵，扯远了！我现在是不会办报了，"小米加步枪"时代的老兵，不会打现代化信息化的战争了。

---

① 黄文俞在《回忆办报二三事》中说："我的回忆，从1956年开始。为什么从1956年开始？答曰：因为从这时开始，我才是用自己的脑子办报。此前几年，只在模仿人家的样子走路，可谓'亦步亦趋'，没有自己的思想。"黄文俞，"1954年2月26日调进南方日报社（任社长，1955年3月1日改社长负责制为总编辑负责制时改任总编辑），至1966年8月27日被送入'牛栏'止，一共干了12年半"（见《南方日报与我——南方日报创刊五十周年纪念文集》，南方日报出版社，2009年，第51页）。

② 《南方日报社社史》第147页记载：1950年4月25日，报纸发行交省邮政局办理。

## 三、华商报人与南下干部的相处

当时，由香港过来的全部党员的组织关系都由香港工委书记饶彰风证明，交给华南分局。整个华商报机构撤销，重新建立南方日报机构。

《南方日报》创刊时的班底，主要是靠华商报的60多人，停刊之后全部带来，可以说也是不得以的情况。当时我们以为南下的干部很多。谁知道南下干部一路下来，各省都要宣传干部，到了广州便所剩无几。所以在赣州开会，叶帅就说，广州一解放，《华商报》就停刊，全体成员回来办《南方日报》。南下干部只有四个人：除了曾彦修、曾艾荻两人外，吴楚，创刊不久便调出，第一届编委会他也没有参加，"文革"后曾主持过暨南大学东南亚研究所工作。还有一个女的叫周宁霞，后来成为曾彦修第一任夫人，离婚后她去搞徐霞客研究，在上海古籍所。20世纪90年代曾经到过广州，在我家中共进午餐。2005年不幸病逝了。

《南方日报》初期，曾彦修和我在一起的时候，互相尊重，他主要管编辑部，我主要管经营管理。在编辑工作方面，我听他的；在经营管理方面，他没有反对过我任何主张。所以没有什么矛盾，许多事情都能商量决定。这在曾彦修写的《〈南方日报〉初期二三事》中都有讲到。方方在赣州开会时，也是对他这样讲的（指二人分工），"你管编辑部，按延安老解放区的做法，你们两个人分工合作，我们就放心了"。同时，我们合作的时间也不长，才两年。一到1952年初曾彦修下乡搞土改去了，接着，"三反"运动来了，我就挨边站了，总之，这两年里，没有出现我跟曾彦修之间不协调的地方。

曾彦修是一个实事求是的人。他这本书叫《微觉此生未整人》。我跟我的老伴说,"微觉"两个字应改成"幸好此生未整人"。1952年4月,"三反"运动后期,他奉命从土改前线返回报社。当晚开支部大会,本来要他讲话。但他一句话也说不出,只是流泪。因为他对我的历史很了解,每天都是和我两人一起吃"小灶",晚上又是同一桌子面对面办公,他不相信我是"大老虎"。再说,到了"反右"的时候,人民出版社没有右派,他就报自己是右派。这样的事情,在我们朋友当中都很钦佩。打成右派之后调到上海编《辞海》,兢兢业业,任劳任怨。

广东反地方主义时,曾彦修写过一篇文章,题目是《广东"地方主义"与海外奇谈》。他不同意反地方主义。反地方主义是陶铸搞的,但是毛泽东批准的,而且不光是广州在搞,西南有些省份也在反地方主义。这个是历史教训了。反地方主义,伤害了广东几万名干部啊!

至于反地方主义,不光是广东反,

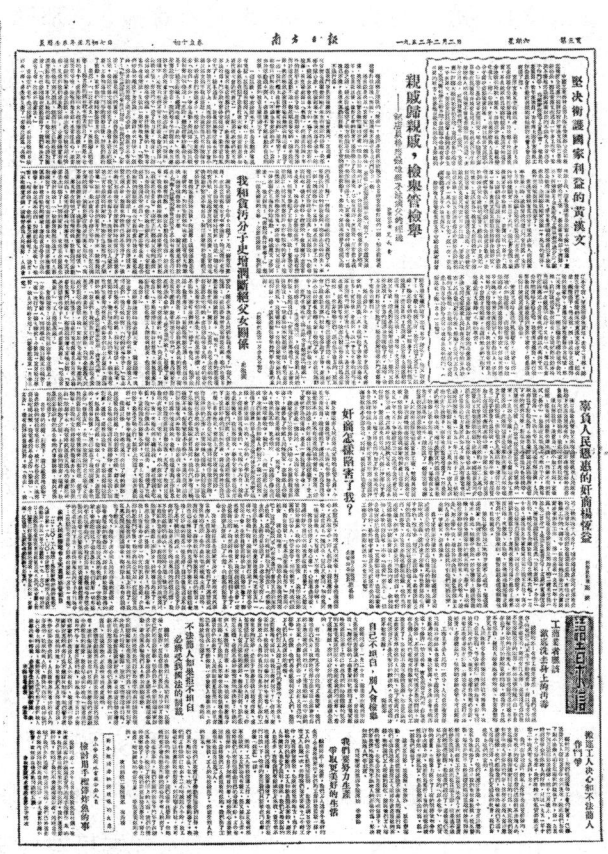

"三反"时的版面

但主要是在广东；而且，把冯白驹和古大存两个以前不在一起也不认识的，说是"冯古联盟"，成为反党联盟。冯白驹，在海南岛坚持武装斗争，二十三年红旗不倒啊！

在这个问题上，曾彦修是从头到尾反对"反地方主义"的，他认为根本没有地方主义。他是南下干部当中反对"反地方主义"的，他认为根本没有"地方主义"，这个不容易。

至于说反地方主义反到杨奇头上呢，倒是没有这回事。我，那个时候，应该怎么说呢，是死老虎了。我也没有任何文章可以打成地方主义的，我写的文章在香港《华商报》，那时对南下大军是称为"老大哥"的。

那时候，反地方主义倒是没有像"三反"运动那样事先定出指标的。没有任何人扣我这顶帽子，也没有开会批斗我是地方主义。我唯一的就是"三反"时打成"大老虎"。1959年，反右派也没有搞到我头上，因为我没有右派言论。

顺便说下，陶铸这个人，对广东的农业生产，对广州的市政建设，对宣传工作都领导得很好，我很尊敬他。但是反地方主义，反对"和平土改"，这两件事情肯定是错的。

陶铸对宣传工作非常重视，对南方日报开展批评支持得很。对《羊城晚报》更是偏爱。你想想看，困难时期纸张生产严重不足，两家报纸《广州日报》与《羊城晚报》要停一个。停哪家呢？如果是别省的省委书记，定会把市委机关报保留。而陶铸对《羊城晚报》偏爱，停掉《广州日报》，让《羊城晚报》承担起广州市委机关报的作用。但是，这是办不到的。我后来跟范长江老前辈谈的时候，我就说按照我们的实践经验，这样做是不大可能的。市委机关报是指导工作，而《羊城晚报》是指导生活，二者是存在矛盾的。所以，后来还是得分家。范长江是最早主张分家的。

《南方日报》那个时候，除了南下干部，还有杜埃，后来的省委宣传部副部长，原重庆《新华日报》的姚黎民，还有华嘉，作家，都在《华商报》工作过。他们都没有写社论，就是觉得自己没有这个能力来承担党委的代言人，代表党委讲话。党委机关报，要求很高，自己觉得不适应，认为自己没有这样的水平。

后来"文革"期间，我关在牛栏里面，老想问题。那个时候就想到，只能够要求社论代表党委讲话。社论写好送给第一书记看过，那才可以说是代表。所以我在"文人办报"的文章里说，我这个从旧社会过来的报人，内心深处是钟情于"文人办报"的。所谓内心深处，追根到底呢，文人办报比较容易，党委机关报比较难。特别是作为执政党，不是革命党时期了，怎样"以人为本"来办党委机关报呢，党性与人民性的关系怎么样，这是很值得研究的问题。

创刊时四个南下干部调离报社之后，调来的南下干部有：担任总编辑的赵冬垠、任秘书长的张敏年，以及先后任副总编辑的尤淇、姚熔炉、罗东、林里等人，我那时已调回办公室当主任，同他们都相处得很好，一起上夜班，协助他们看四个版的大样等等，合作愉快，从来没有发生意外。

# 四、南方日报初期最大的一件事

1951年3月间，一天晚上开编前会议时，政法记者成幼殊（老报人成舍我的女儿，从香港《华商报》回来的，后来到外交部工作，去过印度做外交官）带回公安厅交来的一张大布告说，"公安厅明天要'大镇反',处决140多人,要我们在报上登这张名单和罪状"。

曾彦修和我看到:公安厅的布告,对枪毙者的罪状很不具体,罪名只是抽象地说是"反革命"、"一贯反动",却没有具体罪证。曾彦修就说:这怎么行!中央精神是大张旗鼓镇压反革命,这要宣传解释,让广大群众明白道理才行。现在我们才知道这个事情,什么材料都没有,连写社论都来不及呵!曾彦修很有胆识,他反对明天就执行。我也看出问题,但是不会提出改期,所以,我就建议他向叶帅请示。因为有规定,他可以直接跟华南分局第一书记联系。但是,曾彦修知道叶帅习惯早睡,不好随便把他叫醒;同时,也不知道公安厅有没有把这件事报告华南分局;所以,迟迟没有打电话。我们左思右想:明天枪决一百多人,社会上一定反应很大。报纸没有消息,这当然不行,但是,如果明天只登公安厅的布告,后天才发表社论宣传解释,并且访问各界人士的反应,这也不行。总之是左右为难。拖到11时过后,曾彦修只好硬着头皮给叶帅秘书打电话了。

叶帅问了一些情况,曾彦修据实答复。最后,叶帅叫秘书通知:午夜一时,在东山小岛叶帅住处的办公室开会。到会的有副省长古大存、分局宣传部副部长李凡夫(方方下乡去了),社会部部长兼省公安厅厅长谭政文带了一位处长也依时到达,他气冲冲地把几麻袋的资料扔在地上。

叶帅首先说明:中央大镇反的决定,华南分局当然坚决执行,也曾开会部署过,但是,如果不是报社打电话来,却不知道明天就枪毙100多人。谭政文讲话时强调:明天这样大的行动,要动员多少人力,多少卡车,沿途要警戒,刑场要警戒,事后要处理,等等,都已准备好了,现在正在连夜办公,最好是不要改期了。接着，叶帅叫报社发言。曾彦修说：镇压反革命，我们完全拥护，毛主席的指示是要大张旗鼓宣传，揭发反革命分子的种种罪行，这就要工会发动工人、青年团发动学生、妇联发动妇女，声讨反革命分子。可是，我们事先完全不知道，手上没有一点材料，连写社论也来不及，如果只将布告登报，不揭露反革命分子的具体罪状，广大人民群众是闹不清楚的。

会议开到最后，叶帅不得不说：我们要记住中央苏区的教训，刀把子要掌握到党委手里呵！谭政文一听，知道第一书记主意已定，这才表示听从分局决定，但说他们没有"秀才"整理罪犯的材料。会议最后作出决定：一、处决 100 多个反革命分子的时间改期；二、由分局宣传部部署"大张旗鼓镇压反革命"的宣传教育工作；三、由报社派出得力干部协助公安厅整理镇反对象的材料。

曾彦修回到报社，传达了华南分局这个紧急会议的经过，大家都觉得叶帅能够倾听下情，当机立断，决策英明，令人肃然起敬。

紧急会议次日，李凡夫就召集广州有关方面的干部开会，部署发动群众控诉国民党反革命分子的活动。而我也按照曾彦修的意见，带领成幼殊等人到监狱的办公室去，核实罪犯的材料和修改公布的罪状。这项工作花了个把月时间，但是十分必要的。直到 4 月 26 日，《南方日报》才发表《华南各地应继续大张旗鼓镇压反革命》的社论，并组织了几个版关于揭发反革命分子罪行的材料；接着又连续报道了工、青、妇社会团体的控诉，形成一项报道的高潮，社会上各方面反映良好。

然而，这件大事还不是就此划上句号，六年之后还有"后话"。

1957 年反右派运动期间，时任人民出版社社长的曾彦修，被定为右派分子，在内部批斗了七八次之后，一天下午，被押到出版署礼堂开会，参加的有一千多人，不少是外单位的，台上坐着主席团，俨然像个公审大会的样子。

会议一开始，就由一位司长代表最高人民检察署副总长谭政文发言，揭发曾彦修1951年在广州时就反对毛主席镇反，一贯反党，讲了一个多小时。曾彦修一听，反而心情镇定；写了字条给主持人陈原，要求让他回答问题。经主席团同意，曾彦修站在台下讲了一个小时，讲的全是当年的事实全过程。参加大会的人静静地坐着倾听。曾彦修回忆说："鸦雀无声，一根针掉在地下都听得见。"出乎意外的是：大会并没有人继续批斗曾彦修，而那位代表谭政文的司长也没有一句话反驳，可能因为他1951年不在广东，只能是代表谭政文"照本宣科"了事。

大会过后，曾彦修还将1951年广东大镇反的经过写成书面材料，说明可以找李凡夫、杨奇、成幼殊等人作证。

## 五、批评广州有机肥料厂盲目兴建的报道

解放初期，中央一再督促各省报纸要开展"批评与自我批评"[①]，华南分局叶剑英、方方，以及后来的陶铸等领导人，都是十分支持的，那么，为什么《南方日报》开展了那么多批评与自我批评的报

---

[①] 1950年4月9日，中共中央做出决定："在一切公开的场合，在人民群众中，特别在报纸刊物上展开对于我们工作中一切错误和缺点的批评与自我批评。"决定指出，"要教育党员和干部认识：在报纸刊物上进行批评与自我批评，是为了巩固党与人民群众的联系，保障党和国家的民主化、加速社会进步的必要方法。""党的各级领导机关和干部必须对于反映群众意见的批评采取热烈欢迎和坚决保护的态度，而反对对群众批评置之不理，限制发表和对批评者实行打击、报复与嘲笑的官僚主义态度。"

道，《人民日报》还一再说"虽然比过去好，但是还不够"呢？① 我的理解是，这等于支持各省报纸开展批评，鼓励按照中央的有关指示做，让省领导不会压制报社的批评。《人民日报》起了这个作用。

那个时候有个做法，要批评那个单位，要和那个单位的上头通通气，以便取得他们的支持。这里可以举一个例子。1950年2月，广州解放之初，一些商人认为税率过高，生意难做。广州市税务局李十中局长写了一篇文章寄给报社，对这些商人加以侮辱的斥责。我和总编辑赵冬垠、副总编辑姚黎民等商量，觉得不能这样辱骂民族资产阶级，所以拒绝刊登。后来为了配合市政府检查税务工作，发表了《开展批评与自我批评，深入检查工作》的社论，批评李十中的官僚主义、强迫命作风。广州市府也认为李十中不对，自始至终是支持《南方日报》的，所以那个批评没受到阻力。

至于批评有机肥料

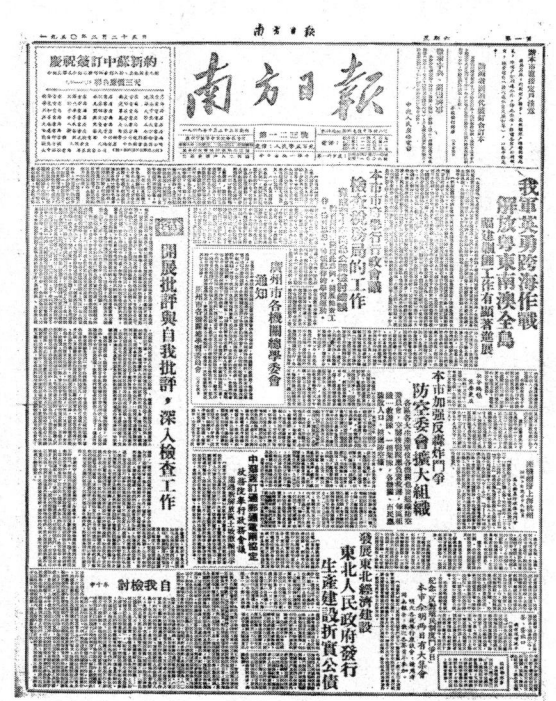

批评李十中

---

① 1953年1月8日，人民日报地方报纸组来函，批评南方日报开展批评与自我批评不够经常、有力。同年2月1日，人民日报发表报纸工作述评，批评南方日报在反对官僚主义斗争中，批评与自我批评做得不够，表现了很大的软弱性。2月12日，人民日报报纸工作述评，再次批评南方日报开展批评不力。（见《南方日报社社史》第155、156页。）

厂的报道，那是我经手的。为什么《人民日报》先一天登出来，我们第二天才登呢？那个时候《人民日报》是中央的报纸，每个省报的一把手都是他的特约记者，曾彦修没有做，由我做。我有他的任命书。当时去采访就约好了：我写《人民日报》的，施汉荣写《南方日报》的。这件事情的经过，倒是一个成功的案例，值得讲详细一些。

首先要指出：1950年4月19日，中共中央发布了《关于在报纸刊物上展开批评和自我批评的决定》。这是一个极其重要的文件，它要求全国报刊吸引广大人民群众经常地有系统地监督我们的工作，关注我们工作的缺点和错误，并加以改正。《人民日报》为此在4月23日发表社论，指出"这是一个足以大大促进国家民主化、改善各级党委和人民政府工作的严重的步骤"。

与此同时，《人民日报》编辑部给各地记者、特约记者发出指示信，要求大家遵照中央指示，对党政机构及其干部的缺点和错误负起批评的责任，但是所有批评性的报道都必须是实事求是的、与人为善的、富有建设性的。

1951年6月间，《南方日报》编辑部收到通讯员提供的情况，知道广州市兴建的有机肥料厂问题

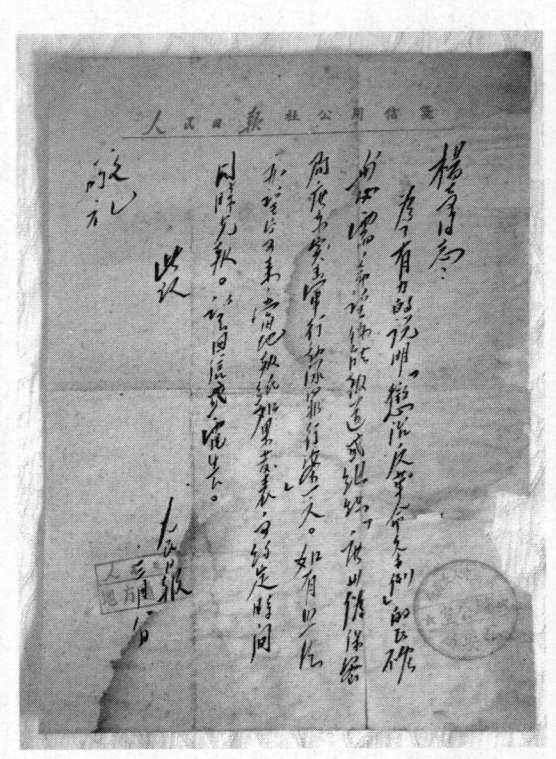

**人民日报给杨奇的信**

很多。于是，我除了向市府查询外，还与工业版记者施汉荣一起，多次到有机肥料厂工地去做调查。原来，这项工程开始于1950年4月广州市第二届人民代表大会一位代表的提案，说创办这个厂可以利用全市的粪溺和垃圾，制成有机肥料供应农村需要，所获利润可以补助市政经费，又可改进广州的公共卫生。

当时，广州市长由中共中央华南分局第一书记叶剑英兼任，而日常事务则由副市长朱光负责。朱光日理万机，成绩卓著，但是，他对于是否建厂，却未征询各方意见、进行可行性研究，便拍板筹建了，并向中南财经委员会申请拨款170亿元（旧币），于同年8月草率施工。广州市卫生局副局长康文彬是建设这个厂的直接负责人，但是对工程设计却放任自流，筹建委员会化学、机械、土木等组各自为政，设计齐头并进，以致返工浪费严重，财务管理也很混乱，基建投资将流动资金220亿元（旧币）全部用完，还未能开工。

我在采访过程中还了解到：以广州那样未经改建的旧城市，化粪池等设施都较差，根本就没有条件兴建这么一个处理全市粪溺、垃圾的现代化肥料厂。

于是，我将了解到的情况写了一封长信，连同一篇2400字的批评性报道稿件寄到《人民日报》编辑部去。8月16日，《人民日报》第二版头条位置刊出这篇批评稿，署名"特约记者杨奇"，冠以三行标题：眉题是"广州有机肥料厂建厂工作发生许多错误"，主题是"建设程序混乱返工修改千余次"，副题是"领导干部急于求成，设计人员脱离实际"。

8月17日，施汉荣写的《记者调查报告》也在《南方日报》发表了，编辑部特为此撰写了一篇社论，对广州市卫生局领导人的错误观点进行了批评。

上述批评稿件在《人民日报》、《南方日报》发表后，广东省和广州市的反应特别强烈。人民普遍认为，党报的批评，是用事实讲话的、有建设性的。经过市府组织力量全面检查之后，认定这个工厂根本就办错了，随后就把它关掉了。康文彬副局长为此做了检讨，表示要从中吸取教训。后来，在反对官僚主义、命令主义、违法乱纪运动中，朱光副市长还在《南方日报》上做了书面检查，他诚恳地自我批评："这事件……是我对中央关于城市建设方针在认识上的错误。我们要将一个旧城市改造成为新的城市，应该首先是发动群众解决工人与广大城市人民最迫切的要求，……我却没有这样去考虑，只想到先从表面上如何把广州建设好装潢好，所以进城不久就忙于兴工建设有机肥料厂，兴工建设公园、马路、游泳池、体育场……希望以此来显示广州的进步。"

作为一市之长，办错了事，一样要做检讨，向市民认错，这在解放不久的广州市民看来，无疑是一件破天荒的大事；同时，党中央要求在报纸刊物上展开批评和

刊登社论批评肥料厂不恰当施工

自我批评，吸引人民群众监督党和政府的工作，这一来就让人看到活生生的事例了。

最后，还应指出的是：朱光副市长是能正确对待舆论监督的。他除了在报上发表书面检讨外，对我个人和其他报社记者的关系也一如既往，没有任何不满的表现，例如他创作的《广州好》，每首写成后都依旧送给我和胡希明看，他离开广州在北京和安徽期间，还几次给我来信。

**附当时广州市卫生局副局长康文彬和南方日报社的两封来往信件：**

南方日报：

看完八月十七日报载批评肥料厂错误的消息及社论，我感到这种批评是很恰当的，我已经依照上级指示，停止了修偏经费的支付，并依照指示到中央提出检讨并求得技术上有力的援助。同时又感到上次寄给各领导机关的自我检讨是不够深入的，今后还定要深入全面检查自己的思想，做出结论，下定决心纠正错误，以期更好完成党和人民将要给予的更繁重的国家建设工作。

不过我还有点支节意见，请求参考并请经调查后给以追认。

社论第二段是提到卫生局领导上极不重视国家财产时讲"市卫生局领导上曾经有过这样的思想：垃圾、粪溺本身就是肥料，即使加工制造失败，也还是肥料……"。

我讲这些话的群众场合，是在市府行政会议上，当领导同志关怀肥料的失败是否可挽救，我提出根据：（1）肥料厂在世界上不是一件新的东西，老早就有，并非是由中国新创造的，可以参考其他国的经验挽救。（2）垃圾大粪本身就是有机肥料，经过加工制造，是较好的有机肥料（并不是用无机物或什么别的物来制有机肥料，致困难不可克服），所以我们的肥料厂虽犯了错误（错误也提供了经验）但经过修正偏差是可以出肥料的，如经改正错误，是可以达到理想的，同时我讲这个厂是有困难，有希望，有办法的。

这两句话经常都是并列的，都是对关怀肥料厂"是否能补救？"的提问说的。并不是浪费了一百七十亿国家资材人民血汗之后还不负责任如社论上所指那种惊人程度。

其次，"……肥料厂即使是赔本的，对市政卫生建设，仍然大有好处，显然同样是错误的"这句话不是我的话和我的思想，专家们原来成本的算盘破产了，于是就强调后者——卫生观点，以掩饰自己的失败。我在指示该厂每一件设备时，总是强调成本核算的，这一点可以经考查证实。

在财政局当他们单纯责备单纯强调赔本，无希望、不能办时，我提出过，"也要从卫生观点想一想"，按理来讲应当对该厂具有两种观点，一是成本核算一是解决卫生问题，缺一都不可的。

陈秘书长说的对，如果单纯是卫生观点那就不必用二百来亿干这个了，干脆把垃圾大粪运到海里倒，不是更好吗？

我请求领导、报社把上边的情况弄清楚，并愿当面对证及到群众中考查。

关于非法买卖轮胎二百七十套问题：我们在购买水泥、钢筋、轮胎时，当时情况：（1）肥料厂在香港存许多外汇（许多定购的机器、物资因禁运剩下了这批外汇）汇回吃亏甚大，为平衡这次损失所以购买这三项东西。（2）只买这三项东西，而未买别的，是因为我们原拟将粪管处（市内有廿辆运粪大卡车，还拟增加）与肥料厂合并或联合经营，怕轮胎将来更困难，蓄备下，在水运码头未修好前，二十辆粪车又要由市内往南石头送粪，增加了一倍以上的行程要用很多轮胎，然因工程计划不周，后来资金日益困难，遂决定出售，我们为照顾影响（并不是单纯获利观点）才低于市上售价售给信托公司。

钢筋水泥的购入，在当时这两项物资飞涨，为解决垃圾粪溺码头的用料及市立医院盖大楼的用料，所以把此两种物资抢购回来，此事有建委会会议记录可查。

以上是否正确请示复。

此致

敬礼！

市卫生局<br>康文彬报告<br>八月十八日（1951年）

**收到来信后，南方日报回复——**

康文彬同志：

八月十八日来信收到，经过我们研究，现作复如下：

你首先认为本报对有机肥料厂的批评是很恰当的，并也认为以前的自我检讨不够深入，这是很好的。我们极其诚恳地希望你深入地全面地检查自己的思想，但从来信来看，你还是用相当大的精力去强调枝节问题，而且直到现在为止，也还没有看到你对这次大浪费事件应付的责任的深刻检讨。为了做到"知无不言，言无不尽"，我们愿意在这里再提一些意见，供你参考。

你对"粪溺、垃圾本身就是肥料，即使加工制造失败，也还是肥料"这种错误思想，作了解释。我们觉得，你解释了讲这些话的场合、动机和根据，正好表现了这种思想是存在的。你的根据是"垃圾、大粪本身就是有机肥料，经过加工制造，是较好的有机肥料（并不是用无机物或什么别的物来制有机肥料，致困难不可克服）……"这与"即使加工制造失败，也还是肥料"的有害思想基本上是一致的，两者同样反映了轻视建设工程中可能遇到的困难，即是对基本建设问题亦即是对人民财产的不够严肃负责。

自然，共产党领导下的任何遇到困难的事业都是有办法、有希望的。然而，我们绝不能藉口"错误也是提供了经验"，因而原谅所犯的错误。试想，假如原定计划周密，不必多付一百亿元（或可能更多）的修偏经费就能出产肥料，为什么不是应有的要求呢？

你否认"……即使是赔本的，对市政卫生建设，仍然大有好处"是曾经存在你脑中的一种思想。但我们必须提醒你一个事实：当专家们的成本算盘破产了，于是强调卫生观点；而当财政局关心亏本问题时，你却附和了专家们的错误见解，提出"也要从卫生观点想一想"。你说你"总是强调成本核算的"，但事实证明这最多只是口头上强调。八月十七日市财委送给本报的关于该厂的修正检查报告中，"供给制思想举例"部分说："忽视浪费的严重性。所有预算清款，都经康文彬同志盖章。事实上康文彬同志早已发现管理费用的开支方面存在着浪费，虽曾提出意见，但未派人及时纠正。只要能开工，有关厂内需要的东西买入都未给以紧缩（七月三日在市财委康文彬同志报告）。而对开工后的成本，及超出预算都未加以深究。由于这种思想，该厂的管理费铺张浪费现象，是可观的。不合理的。"又据调查，该厂用以包肥料的布包，其价钱约等于全包肥料的可能售价的四分之一。这些都不是"成本核算"的思想和作法，是极显然的。

这样的思想、作法，无疑是造成了一连串浪费的一个原因。就花了一百八四亿元尚未成功的这个后果来说，作为一个领导同志（我们对直接领导同志的要求应该严格一些）对人民财产应有的责任心来检讨，显然已达到了惊人的程度。至于如果思想上还想将责任推到别人身上，或者只企图轻描淡写一番，那就更加不对了。

关于买卖轮胎问题，动机是不是单纯获利观点，这一点不是重要的，我们所指出的是效果——一种因计划错误而发生的不应有的营业行为。

以上的意见如果还有不对的地方，希望你继续来信讨论。

此外，我们觉得有机肥料厂大大忽视工人的健康及福利。例如在建设方面没有首先建筑工人宿舍，卫生设备很差，当生产无望，工程师为了面子问题而制造所谓"混合肥"（把垃圾加未经消毒的大粪）时，工人连口罩都没有等等。我们极其希望你就依靠工人阶级思想这方面能进行检查，并将结果告诉我们。

最后，虽然我们对工业基本建设的知识非常贫乏，但诚恳地希望你能够领会报纸上整个批评的主要精神。

此致

敬礼

南方日报编辑部

九月八日（1951年）

## 六、南方日报的"三反"运动

"三反"、"五反"同时搞,好大的阵势,这是解放后搞的第一次群众运动,很激烈。① 这两年不光《炎黄春秋》有好多篇回忆文章,广州市《广东党史》也登过一篇,题目是《广州的"三反"、"五反"运动》,是黄穗生写的,广州市是怎么接受任务打"老虎"的呢?后来复查,原定的贪污人数下降了73%,"大老虎"下降了95%。

毛泽东关于开展"三反"斗争的原话是:"在每一部门、每一地区,'三反'斗争激烈展开之后,就要将同志们的注意力引向搜寻'大老虎',穷追务获,不要停留,不要松劲,不要满足于已有的成绩"②。第二天又指示,"每个省、每个大城市都有一百只至几百只'老虎',如捉不到,就是打了败仗"。

这些指标很厉害,广州多少大老虎、小老虎,具体到南方日报又多少个。当时南方日报的那个打虎队长名字叫龙潜,他看我自己写的

---

① 1952年1月20日,叶剑英在广州市四大单位党员代表会议上发表讲话:"分局和分局纪律检查委员会采取断然的态度,宣布对一批严重违反国家法令和党的纪律的同志,党内给予直至开除党籍的处分并建议行政上给予撤职或法办的处分。这样毫不宽恕的断然处置,是有利于今天的人民事业,有利于遏止贪污浪费的狂澜,有利于动员全党和人民积极参加反贪污、反浪费、反官僚主义的斗争的。这正是我党今天对贪污浪费分子、官僚主义分子的严正态度。这些同志只要真正决心改正错误,恢复政治上的健康,党就给予他们继续为人民服务的机会。"(参见叶剑英:《继续深入开展反贪污、反浪费、反官僚主义运动(一九五二年一月二十日)》,广东叶剑英研究会、中共广东省委党史研究室编:《叶剑英在广东》,中央文献出版社,1996年,第428~429页、第465页。)

② 《关于"三反"斗争展开后要将注意力引向搜寻"大老虎"的电报(一九五二年一月二十三日)》,《建国以来毛泽东文稿》,中央文献出版社,1998年,第二册第87页。

自我交代，最后一句我写的是，经营纸张这件事情错的是我，跟饶彰风无关。打虎队长龙潜说，"此地无银三百两，你这么声明，更表明是铁三角：党的领导干部是饶彰风，资产阶级猖狂进攻的是邓文钊，你是站在前台的。"邓文钊是什么人呢？他是廖承志的亲戚（广东解放后，先后任省商业厅副厅长、广东省副省长），在香港的时候，是他替我信用贷款订购纸张的。龙潜本来想把三个人打成一个铁三角，但没有打成，因为不是事实。这个问题就搞了好久。还有，他跟我谈，"事情都有必然性的和偶然性的，你说你犯了错误是必然性还是偶然性的？你老婆本来是资产阶级的女儿，你就是资产阶级的驸马"。

那个时候，我觉得为了纯洁党的队伍啊，应该拥护。自己也有错，就是将订购了又不合用的新闻纸运来广州卖出，但公家一分钱都没拿出来，怎么说是公款呢。打虎队长怎么说呢，他说饶彰风叫你利用彭司琰的钱，那是人民血汗，应该全部没收。但是，华南分局最后还是决定把彭司琰的本金退还给她。

当时，狂风暴雨到

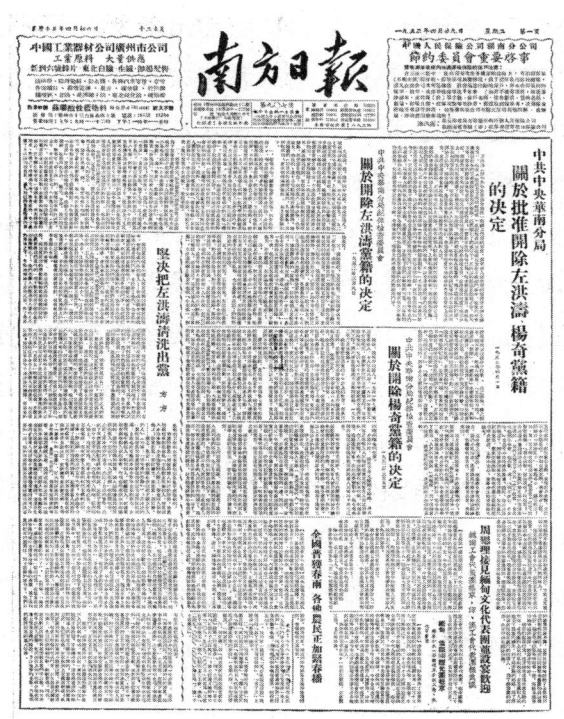

杨奇被打成"大老虎"

什么程度呢，前后不到三个月，也没有复查，《南方日报》头版头条登出来了，两个人，一个杨奇，一个左洪涛，左洪涛是省府办公厅秘书长，他比我老革命得多，打进国民党张发奎那里做中共特别支部的支部书记；两个人"开除党籍"。这个就不详细说了。

那个时候，我们对毛主席是绝对绝对的服从，为了党的纯洁，宁可自己受委屈，刘少奇同志在《论共产党员的修养》里的一段话，就是我的座右铭。他说："为了党和革命的利益，他对待同志最能宽大、容忍和'委曲求全'，甚至在必要的时候能够忍受各种误解和屈辱而毫无怨恨之心。"

到后来，陶铸跟王匡说过，杨奇这个案子，可划可不划。本来是不用定贪污分子，但报纸都登出来了，那就重新入党吧。这是李普两次跟我讲的。不然，后来我怎么照样在南方日报，照样让我去办《羊城晚报》呵。而且，陶铸每次从北京开会回来，在召开常委会议传达中央精神之前的晚上，找几个人到他家里，哪几个人呢，王匡、陈越平①、黄文俞、杨奇、戈枫②，传达新的精神，因为怕《南方日报》、《羊城晚报》、《广州日报》的报道搞错。这说明陶铸政治上对我还是信任的。不管怎么样，我还是要留在南方日报，不愿意离开。你们问我当时的心路历程，我可以说：就是宁可自己受点委屈，也要按照党的意图把"三反"运动搞成功。

"在哪里跌倒，就在哪里爬起来"。这是我当时讲的话，后来有人写文章就用这句话，广东省社会科学院的杨越，也曾经在南方日报的"思想漫谈"专栏中写过。还有一句话，"我愿意留在南方日报，接受熟悉我的几百双眼睛来监督"。"三反"运动结束后，广州市检

---

① 时任广东省委宣传部长。
② 时任广州市委宣传部长。

察署的检察长郑北辰对我说："按照规定，你是可以申诉的。你为何不申诉？"朱光市长曾经说可以让我到市府去当秘书，我没有答应去。有人说，人家都斗过你、开除过你党籍，你还留下来？

那个时候，我的认识是：允许你继续参加革命，允许你继续从事新闻工作，就很难得了。我最高的期望，就是在留在革命队伍里，继续革命，能够争取重新入党，没有别的要求了。

从哪里做起呢？南方日报社安排我做印刷厂的秘书。实际上是在新基路南方日报新建成的大楼安装香港运回的一台新机器。什么新的机器呢，就是中央拨款90万港币买的那台机器。我和通用机器厂的黄想老师傅和七个工人同食同住同劳动，合作得很好，两个多月就完成并试运转成功了，速度超乎意料之外，有些人根本不相信。所以，南方日报这台机器没有经过验收，就开始使用了。

我恢复党籍是分两步走的，我和左洪涛都是，先是重新入党，后来才改变原来的决定。陶铸说"可以让他重新入党"，但是要求很严格。他怎么说呢，"要百分之百的党员通过，不要大部分人举手通过"。这个要求就太高了。果然，第一次就有一票反对。那一票呢，也不是说我有什么问题，而是说改造时间尚短。两年还不长，所以支部大会通不过，加上那几年很多运动，所以就耽误到1956年才重新入党。改变开除党籍的决定则是胡耀邦平反一切冤假错案之后。

前面说过，"三反"时广州各个单位都有指标嘛，南方日报"大老虎"两个，我，搞出来了，第二个就是原华商报有利印务公司经理、当时已是南方日报印刷厂经理的王家振。幸好，曾彦修回来了，他才没有被打成。

改变开除党籍的决定很不容易，因为是华南分局做的决定。后来，王宗春做广东省纪委书记时，派人去湖南调查。这很重要，不派人去复查，就不能改变原来的决定。我不认识王宗春，也没见过他，他秉公办事。改变决定的时候，我已经在香港工作，不在广州了。

我第一次写申请书时，还是遇到了困难。那个时候的省委纪检会答复我说，这是华南分局的决定，是领导机关，我们广东省委无法改变，所以不受理。我们香港工委副书记李启新，中央联络部的老革命，坐过英国人的牢。他对我说：你要坚持，这个机会不能错过。他一再督促我，于是我又写了第二次申请书。省纪检会书记王宗春派两个人到湖南去，找到那个出钱把报纸运到广州来的彭司琰。她讲得很老实。而且，湖南省委证明她有40年的党龄。当年，派她到国民党部队里做兵运工作。结果，她就爱上了喻英奇，但他们在广州解放前就离婚了，彭司琰得到一笔美金和港币。饶彰风知道，就叫她把这些钱①拿出来，解决了我们订购纸张的问题。

订购纸张，南方日报没有出一分钱，华商报也没有出一分钱，我跟邓文钊签合同，等于是信用贷款，也就是货到了我就得付款，还要支付银行的利息，这个香港有规定，等于是我这个华商报经理可以用信用担保，签合约，银行支付订购纸张的订金。纸张来了之后，我们交钱给银行。不幸的是，纸张到香港的时候，价格跌了，当时算了一下，要是在香港卖出去，就会赔几万块钱，而广州因为缺货，纸价高于香港。所以就利用我大哥从檀香山汇回来的8000元港币，连同彭司琰的钱把纸张运来出售。卖一批，又用积累了的本金和利润（都是港币）运第二批、第三批、第四批。彭司琰帮了很大忙。赚了一些钱，先后分给彭司琰和我大嫂；南方日报起码进了1个亿（旧币），作为额外收入。这是《南方日报》有账可查的，纪律检查委员会查过

---

① 至于彭司琰钱的数额，有人说是（美金和港币）60000余元。见李永辉：《中共湘西地下党第一位女县委书记——彭司琰》，《档案时空》2012年第1期。

的。总之，公家没有出一分钱，我自己也从来没有拿国家一分钱。①

省纪检会调查复议之后，认为"三反"运动中对我的结论不够准确，开除党籍的处分也偏重。最后，经过中共广东省委常委会讨论批准，把1952年给我开除党籍的处分，改为留党察看两年，并按时恢复党员权利。这样一来，我从1941年3月起的党龄就完全恢复了。

## 七、"文革"对我审查的结论

"文化大革命"一开始，我就被挨边站，不久，就被抄家、被批斗，然后，被押去"五七干校"，当作专政对象审查。但是，审查来审查去，什么事情都没有，政治上没有问题，历史清楚，唯一的罪名就是执行刘少奇反革命修正主义办报路线。

"文革"中斗了多少场？我自己记得起码有90多场。"五七干校"专案组的人拿出本子来告诉我，文革期间大大小小的批斗会，一共被批斗了108场。因为一句话就可以被批斗。例如：羊城晚报移风易俗，你移什么风，你易什么俗呀？硬要你承认羊城晚报宣传封、资、修，这样就一场了。

话说回来，文革当中给我做的结论，就是执行刘少奇反革命修正主义办报路线，别的都没有了。那个时候，你不签字也不行。我考虑过不签，不签的话，照样要在干校继续看牛养马，那个时候，干校干校，就是干活的学校。批斗了108场之后才给你这个结论。思想斗争了一回，还是签了。所谓"刘少奇反革命修正主义路线"，是"文

---

① 详情可见李春晓：《路漫漫兮求索——记粤港一代报人杨奇》，花城出版社，1995年，第114～117页。

革"时期间特有的说法,根本不存在这条路线。"文革"一开始不久,毛泽东主席炮打司令部,就把刘少奇定位"头号走资本主义道路的当权派"、"中国的赫鲁晓夫"。所以凡是认为跟毛主席论调不一样的,都归到刘少奇修正主义路线来了。

昨天(2013年4月25日)晚上,我找出这本《毛主席对新闻工作的指示》,另外还找出一本《新闻战线两条路线斗争大事记(1948～1966)》,想看看刘少奇到底讲过什么没有。这本《新闻战线两条路线斗争大事记(1948～1966)》,是首都新闻批判联络站编的,也没有找到什么刘少奇办报路线。他根本没有管过《人民日报》和新华社。我的印象当中,刘少奇只有1956年到过新华社做过一次讲话。那倒不是什么新闻路线问题,而是对新华社那些太公式化、不生动报道,提了很多意见。有两句话印象很深,他说,新闻工作者,既不直接从事生产,也不直接领导群众生产,你们的特殊职责就是调查研究生产的实际情况。

1964、1965年间,我在暨南大学新闻系讲过两课,一课是《新闻工作的根本路线——全党办报》,第二课就是《新闻工作的根本方法——调查研究》。"文革"批判我108场,但没有批这两个讲义。调查研究呢,毛主席讲,刘少奇也讲,这就没有什么刘少奇修正主义路线的问题了。

"文革"期间,《羊城晚报》整个报纸都被认为是集封建主义、修正主义、资本主义之大成,是离经叛道的报纸。正统的报纸每天都是毛泽东接见哪个外宾,毛泽东讲了什么话。头条全国报纸一样的。这个不是我讲,是陶铸讲的。他说他坐火车去北京,每个车站停车时,他都下车看看摆在那里的报纸,唯独晚报的版面不一样。

《羊城晚报》横空出世,正是"反右派"高潮之时,陶铸不知道毛主席已经改变自己的想法,初时叫百家争鸣,后来他说实际上只有两家争鸣,就是资产阶级和无产阶级。陶铸还以为"反右"是一回事,而"两百"方针还是要贯彻的,所以他没有改变创办《羊城晚报》的决定。

"文革"一来,陶铸也受到很大压力,不得不跟着林彪的所谓"四个伟大"之后,陶铸亲自组织几个人写了几篇社论,叫做"论马克思主义的顶峰",说毛泽东发展了马克思主义,而且到顶峰了。"二论顶峰、三论顶峰"一连发了三篇。这样一来,马克思主义就不是科学了,到顶了,不能再发展了。应该说,以陶铸那样的水平,不会那样做的。那个时候,印"红宝书",全国几千万册。把毛泽东神话了,陶铸也顶不住了。① 所以,《羊城晚报》后期"左"的烙印很明显。陶铸调到北京之后,通知把《羊城晚报》改成《红卫报》,希望苟延残喘,但这已不只是名存实亡的问题,"名实皆亡"了啊。

"文革"后,我没想到还是要办报。那时叫宣传口,不叫宣传部,军队管的,说要抽8个人到各个地委办报,梅县是南方日报的何文,佛山是微音(许实),韶关是黄每,我就调到肇庆地委办《肇庆

---

① 李凡夫是反对"顶峰论"的。1965年冬,已调任安徽省委常委、宣传部长的李凡夫在一次会议上说,"现在有人说毛泽东思想是最高最活的马列主义,是马列主义的顶峰,这是完全错误的。……如果说是什么顶峰,今后还怎么发展"。1966年即因此遭受残酷迫害。(详见黎洪:《李凡夫反对"顶峰论"》,《江淮文史》1998年第3期。)

报》去了。

## 八、缅怀黄文俞等老一代南方报人

在《南方日报》创刊60周年大会上，当我谈到报社"南方新人胜旧人"时，曾经讲到：我在南方日报社工作的十二年三个月中，亲眼看到编辑部、经管处、印刷厂的同仁默默耕耘，为《南方日报》的创办和发展作出贡献。如今，由于不可抗拒的自然规律，大多数老一代的南方报人已经永远离开我们了。我经常想念他们，缅怀他们，感谢他们在"三反"之后仍然对我的爱护和关注。令人欣慰的是，创业者虽然不能再为报社效力，后继者却在再创辉煌。我们看到：南方报业集团的队伍不断壮大，他们思想活跃、勇于创新，真的是"江山代有才人出"呵！

"文革"以前，南方日报历任的社长是饶彰风、曾彦修、王匡、陈冷、黄文俞。任职的时间，以陈冷最短，王匡也只有一年。黄文俞最长，前后十三年。南方日报很多社论都是黄文俞写的，不少批评稿件也是黄文俞搞的。陶铸支持《羊城晚报》开展批评性报道，最早他就是支持《南方日报》开展批评和舆论监督的。①

1940年我在香港编辑出版《文艺青年》半月刊时，黄文俞就常写文章，那个时候他还没有参加共产党。我比他早几个月入党，但我们把他看作大哥。因为他写了很多文章在《立报》、《星岛日报》以

---

① 1960年6月20日，陶铸对广东各新闻单位负责人的一次谈话："报纸一定要有批评。记者一定要在下面发现工作中的问题，批评缺点。要有勇气批评缺点。光讲好的，群众不相信。"（陶铸：《改进报纸的宣传工作》，《陶铸文集》编辑委员会编：《陶铸文集》，人民出版社，1987年，第206页。）

及《大公报》发表,《学生界》也是他主编的,文字上的工作他比较过硬。他去世之后,我编过一本《黄文俞选集》,省委宣传部也同意出版。选稿很严,大部分稿子都未选进去。因为,有些文章"左"的烙印还很浓厚。我和他都写过社论。合作化,我写过,他也写过,毛泽东批邓子恢"小脚女人"走路,我们就按照这个精神写,能不"左"吗?加快"合作化"的速度,事后证明是错的。土改时清理阶级队伍,我也写过社论,那个时候有一点点毛病都不行,应该主要看表现嘛。这些都是历史教训。

再说李超。他在南方日报社也工作了八年。他在2010年去世的时候,我去了香港,《羊城晚报》记者邓琼用电话访问我,很快就发表了《俯仰天地间,磊落一报人》的文章。这是唯一的一篇悼念文章呵。李超,我三度与他共事,开始是在香港《正报》,我是社长,他是支部书记,但是很多稿子都由他来改。第二度是在《南方日报》初期,他是总编辑,我还是副社长。第三度是《羊城晚报》创办初期,他做总编辑,我做副总编辑。

我用"党内君子之交"来跟记者描述我与李超的关系,是有深意的。不光老百姓有君子之交,共产党也有。我跟李超合作得很好,可以说得上是互相信任、互相支持。但是我没有请他吃过一顿饭,他也没有请我喝过一杯茶,连龙井茶都没有送过,就是关系很好。他能打仗,也能写,可以说"能文能武",我们能文能武的人很多,可以指挥部队打仗的。我在游击区那么多年,还是不能打仗。司令部拨一个警卫排归我管,负责保卫报社,但我没有指挥过一次战斗。

日本投降以后,李超去了香港。解放战争后期,他又去打游击,赵冬垠走后,省委考虑来考虑去,把李超调来南方日报做总编辑,他写过很多东西,他帮助记者改稿,记者是服他的。

我就以黄文俞、李超这两个人来谈，其他人就不能逐个讲了。

## 九、关于对自己在南方日报工作的评价

从1949年10月23号创刊，到1961年1月31号离开，这期间我一直在南方日报工作，一天都没有离开过，算起来，前后有11年又3个多月，但是这个当中，真正管编辑业务的时间不多。

大家都知道，1952年"三反"运动当中，我被撤销了副社长的职务，先是调到印刷厂，要我把南方日报的新机器——美国战后生产的一部高速轮转机安装起来。大概过了一年吧，就把我调回编委办公室，晚上就跟夜间的编报组一起工作了。副总编辑之外，具体编务工作由我负责管。

1957年8月，南方日报编委会叫我去筹办《羊城晚报》，干了几年都是在南方日报社主管《羊城晚报》。一直做到1962年2月1号，由于全国纸张生产不足，陶铸就决定把《广州日报》、《羊城晚报》合并，在这样的情况下，《羊城晚报》才自立门户，离开"娘家"，到人民路西瓜园继续出版《羊城晚报》了。

11年又3个月在南方日报工作，但是真正管业务时候的不多，没有什么值得评价的。如果一定要问我在南方日报社到底干过些什么事？那我可以概括的说，只做了两件事。哪两件呢，一件就是为《南方日报》的创刊做准备工作。包括从思想上、组织上、物质上为《南方日报》做准备。所谓物质上做准备呢，就是订购了一大批广州没有的新闻卷筒纸，还有从大公报买了一套战后美国生产的司各脱轮转印刷机。因为国民党的《中央日报》一天才出版800份，它根本用不着

卷筒机印报；而我们南方日报一出版就是十几万份，所以买那部机器是十分必要的。

第二件事呢，就是参与创办独树一帜、与众不同的《羊城晚报》。① 这不只是多办一张晚报的问题，而是为社会主义的报纸摸索出一条新的道路问题。现在，这两件事情都成为历史了。

我已衰老了，不能对《南方日报》效力，更不能做出什么贡献了。不过我看到，尽管我们这些老一代的南方报人，不能继续为报社尽力，但是一代又一代新的南方报人正在茁壮成长。这就令我们这些老一辈的人觉得：人总是一代比一代聪明的，社会总是不断进步的，所以我们这些老人也就深感快慰了。

## 十、关于对新闻工作的看法

我是一个新闻战线早已退伍的老兵。可以说，从 19 岁开始，我就一直在党的直接领导下办报。到 70 岁了，才从香港《大公报》社长的工作岗位上退下来。我深刻地体会到，新闻事业是无比光荣的事业，新闻记者的工作是对历史负责的工作。这是我一辈子干新闻工作的体会。所以我在 2008 年写过一篇短文，我记得是这样说的："回顾自己的一生，报海浮沉 60 多年，期间虽有呛水之苦楚，但也有拍

---

① 黄文俞说："'晚报，策划者是我，实施于李超，定型于杨奇。'我之所以独个儿承担策划之责，因为我是南方日报第一把手，晚报创刊时又兼挂了总编辑之职，理应自承其为'罪魁祸首'。其实策划晚报，李杨二人出力比我多。至于我自己，除同他们一起草拟蓝图，调兵遣将，在人财物方面大力支持，以及写了几百字创刊词，为晚报'定调子'之外，别的具体工作一件也没有做。李超兼任晚报总编辑也只有几个月，便调省委办《上游》杂志，晚报的全盘工作都交给杨奇了。我说晚报'定型于杨奇'是符合实际的；换句话说，'晚报模式'的建立，'晚报特点'的形成，主要是他的功劳"（见李春晓：《路漫漫系求索——记粤港一代报人杨奇》黄文俞写的序，花城出版社，1995 年）。

击浪花的喜悦。对于办报，我无怨无悔。如果人有来生，那我还是要做一个新闻工作者。"这个是我的真心实意的话，不是随便说的。

回顾我这一辈子，主持过七张报纸的领导工作。新中国成立之前，我是按照"文人办报"这样的精神来工作的。新中国成立之后就不一样了，那是按"党委办报"的方针来办报的。从办《南方日报》开始，我是真诚地执行毛泽东主席的新闻路线的。所以我到现在为止，还保存着这本《毛主席对新闻工作的指示》，他说，在阶级消灭之前，不管报纸、刊物、广播、通讯社都有阶级性，都是为一定阶级服务的，等等。我是按照那样做的。

但是应该说，那是作为革命党时期的办报方针。至于作为一个执政党，应该怎样办报，怎样做到"以人为本"来办党委机关报。怎么样能够按照党章规定来办党委机关报呢，对我个人来说，还是没有完全弄清楚的一个问题。别人可能弄清楚了，对我个人来说还没有。现在，过了90岁了，人也老残了，对新闻工作无所作为了，像我这样的老人，现在的信念只有一个：希望在自己有生之年，能够看到一本《中华人民共和国新闻法》诞生。只有这么一个心愿。

我们放眼世界，不光是欧美各个国家都有新闻法，就连印度和越南也都制定新闻法了。斯大林统治苏联的时代不用说，那个时候是极端垄断思想、垄断新闻、垄断言论，根本没有说让人民有知情权。而这几年，俄罗斯的政府吸取历史教训，也通过了一部《大众传媒法》。看来，就我们这样一个大国，建国那么长时期了，到现在还没有一部新闻法。所以我说，希望有生之年能看到《中华人民共和国新闻法》的诞生。当然，我们不能照搬西方国家的新闻法，应该按照中国特色社会主义制度来制定我们的新闻法。

所谓中国特色社会主义的新闻法，就是一方面，要加强对新闻传媒的管理，所谓管理，就是严禁造谣，不准造假。最近，一条假新闻又令《大公报》上当了，说习近平晚上外出坐的士，还给司机题写了"一帆风顺"四个字。所以我们的新闻法，加强管理，首先要严禁谣言，不准造假。也要防止失实，失实不同于造假，造假是有意的，失实是无心的。新闻传媒也要防止失实。这是一方面。

另外一方面，更主要的是需要给传媒、报社和记者有采访权、报道权、批评权、监督权。我说有新闻法，就是两个方面，不照搬外国的新闻法，按照我们的国情，有一部新闻法比没有好。管理传媒部门不必那么忙于天天打电话，有了新闻法，按法律办事。

最后呢，我想重温一下共产党老祖宗马克思讲过的话。马克思怎么说的呢，他说，"新闻出版法，就是对新闻出版自由在法律上的认可"。他还说，"没有关于新闻出版的立法，就是从法律领域中取消新闻出版自由"。① 请看，他讲得多干脆，多清楚啊。

我在前面说过，如果人有来生，我还是要做新闻工作，这不是开玩笑的，是真诚的。但如果问我还有什么希望呢，那就是希望在有生之年能看到一部适合中国国情的新闻法的诞生。

---

① 马克思：《第六届莱茵省议会的辩论（第一篇论文）》，《马克思恩格斯全集》第1卷，第176页。

南方报业社长总编辑口述史（第一辑）

# 曾彦修
"创刊时期的工作我只做了1%"

时　间：2013年1月30日、1月31日，2014月11月26日
采访人：曹　轲、罗永新、吴自力、王　悦
摄影/视频：高　媛、柯永权、吴　斌、蒋伊晋

曾彦修，笔名严秀，1919年7月出生于四川宜宾，2015年3月3日在北京逝世，享年96岁。1938年2月入陕北公学并参加革命工作，同年3月加入中国共产党，5月入延安马列学院学习。1940年春后，任延安马列学院教员，中央政治研究室研究员，中央宣传部干事、编审，中央图书馆代主任，新华社评论组组员、编辑委员会委员兼资料研究室主任。1949年8月赴广州参与创办《南方日报》，后任总编辑。1950年3月后，任中央华南分局宣传部副部长兼南方日报社社长、华南人民出版社社长、广东省教育厅厅长。1954年5月任人民出版社副社长兼副总编辑。1957年被错划为右派。1960年6月任上海中华书局辞海编辑所编审。"文化大革命"中受到迫害。1978年夏后，任中国大百科全书出版社筹备组成员。1979年9月起先后任人民出版社总编辑、社长。1983年12月离休。

曾彦修是中共十二大代表。

# 一、南下广州，中途"降职"

南下以前，我在中央宣传部。1943年底1944年初，我到中央宣传部，这之前就不必讲了。到了快要离开北京的时候，我就向上级，向陆定一、胡乔木两个人提出来，我说有关节炎，走起路来很不方便。延安39年我就得了关节炎，一直没有好。我说，我要找个地方养病，而且南下要很多干部，我请求南下。

其实，陆定一和胡乔木两个人早就在考虑，我啊已是列入南下名单上，南下的干部东北的数得清的，全部有几千，而从北京出发的南下干部，到现在为止，我只知道两个，其中一个人，跟我关系好得很，张云天，他去做华南财委副主任，都是三八式[①]嘛，资格不够，华南财委主任是易秀湘。

张云天南下是谁批准的，我不知道，谁批准我南下的，我是知道的。张云逸同志，还住在北京城墙边上，当时是中共中央华南分局第二书记，他在北京治病，中组部让我去找他。我和张云天都知道上面分配给我俩的工作，这次干部的配备，北京不出人，由东北包，但是极个别的人，剑英同志提出来，加两个人，就是我与张云天。

最初我都没想到，南下的名义说出来吓死我，说你去当华南分局

---

① "三八式"是对抗日战争初期参加革命的干部的习惯性称呼，通常也用来指整个抗日战争时期参加革命和加入共产党的干部的通称。"三八式"干部的称谓来源于1938年前后，中国共产党制定的一系列特殊的关于干部和党员政策。"三八式"干部经历了严格的马列主义毛泽东思想的教育，同时也走过了特别的政治历程。参见李祥营：《"三八式"干部称谓探析》，《胜利油田党校学报》2008年第2期，第54页。

宣传部的副部长。叶帅跟方方两个同志，他们当然早就知道这个名单的，并且给方方回复以后，名单有电报回中央。电报给我看了，他们两个负责人（胡乔木、陆定一）给我看，你，调过去。

那个时候，南方日报社长叫做蒲特，蒲特你知道吗？饶彰风的笔名。蒲特是20世纪30年代的党员，名单上他是当社长。总编辑刘思慕，对我来讲是前辈，对你们来说是前前前辈，大革命时刘思慕跟廖承志很熟悉的。我看了这个名单，当然提出来这样是不行的。他们说，是他们几个人要的啊。他们几个就是叶帅、张云逸。方方同志当然是知道我的。我们几个到张云逸那里去，张云逸也给我看了这封电报。这是我一生最高的机密，现在我94岁了，讲讲这个还有啥问题呢？

张云逸把我们两个叫去，张云天和我，对张云天说这个人就交给你了。我说，在延安我和张云天两个人，住在一个小窑洞里。在延安我被抢救的时候，他被派来监视我。但是我和他的关系特别好。来监视你的人啊，他也不相信，实际上是保护我。保护我什么？就怕我自杀。所以，一天到晚，他倒是提心吊胆，三餐都在一起。我说，他已经保护我了，南下是第二次。可惜的是，南下的时候，他翻车死了。太可惜。哎呀，人好又能干。

走之前，我们还一起吃过饭。七八月，他带队。他从过去在北京工作的中国银行找来两个专家一起走，他们要南下去管银行。我们是单独南下的，就我们几个人延安出来的，不是跟大军一起南下的。我们从北京出发，到上海、杭州、南昌，再到赣州。

在江西赣州，华南分局领导人主要是叶剑英和方方，还有十五兵团某些早到的人，他们在一个村庄。我们到那里的时候，已经渐渐有序了。文教干部到这两个村，财政干部到这两个村，组织干部住那个村，办公厅的干部住那个村，省政府、市政府……这样一来，把附近十几个村都住满了。

我住在一个大房间，还有两个参加南方日报工作的人，他们知道我的事，我也知道他们的事。

有一天晚上晚饭后，叶、方通过办公厅的林西找到我。林西后来当过广州市副市长，长得又高又大。叶帅，那个时候不叫叶帅，代号203，为了防特务。叶帅、方方，还有当时的秘书长李嘉人找我去谈话。李嘉人后来当过中山大学的校长。方方向我提出了问题。方方说，曾彦修同志，中央派你来做什么？

他既然这样问，我就感觉到领导一定有了新的困难，没有新的困难，问我干什么？我说，过去我就请求南下，我愿意当一个区委书记。他说，你为什么对区委书记有兴趣？

我说，我下乡过几年，县委还是空的，乡的支部书记太忙、责任大，区在当中管几个乡，我在下面看到，真正地，很多时候起到决定作用的在区。县委一般就是号召，乡里面呢，就照你的办，服从命令。但是区委，又可以下命令，又可以根据具体情况，有所改变，有所调整。这些年，山西、河北、山东，都是区重要，所以我就请求当区委书记。

这下子，领导一听，你没有将他一军啊，你根本没讲过当宣传部副部长的事，叶、方一下子口气就变了。我不给他们为难啊，你要知道，像我这样的地位啊，这个时候我已经知道，没有困难他们不会找我谈话，也不会有这样的问法。电报我已经看过多少遍了，临走还给我们看一遍。领导就讲，原来定的，我干什么也没有讲，南方日报社长是蒲特，总编辑是刘思慕。刘思慕现在要去上海，可能是上海一定要争取刘思慕去管《新闻日报》，上海要得很坚决，说这个位子就要他了。

方方说，华南老干部多得很，你知道一进城，报纸的宣传工作很难抓。现在找管报纸的人，比宣传部长重要。他们都是香港回来的，虽然都是老同志，但他们不习惯根据地办法办报。延安这一套你最清楚，你去，我们比较放心。

就这样子，我进到广州。

## 二、《南方日报》创刊，杨奇、王匡功劳最大

《三国演义》有道，"闲言少叙，书归正传"。我南下去广东，这条路，我感觉，我没吃过苦。为什么？因为王匡。

王匡在延安是我非常知心的人，他是新华社华南分社社长。那个时候的新华社，跟现在不同，单独有发电机、汽油桶，两三桶（汽油），现在听起来都是笑话。社长和主要的编辑就在这种情况下，什么地方都可以工作。

我们在广州城外呆了两三天，因为广州还没解放，在沙河停了几天。坐的是汽车，比军队快，而且多是步兵。大概过了两三天或者三四天，广州解放。广州没打仗，很多地方都是和平解放。你也可以讲放枪鸣炮，那当然，部队进去嘛总会放两枪。实际上，我们进去的时候，国民党的军队已经撤军两三天了。"大天二"（土匪）敢去中山大学接管。广州的"大天二"是世界第一的，胆大无比啊，大学他都敢接管。

我进了城。城里边地下党、华南分局方方同志直接领导的香港地下党和好多干部，早就开始组织准备工作，把爱群大厦等三个大旅馆，早早地全部包下来，我们一到，就给你住。住在爱群干什么呢？

等，等香港过来的杨奇同志和《华商报》的同志们回来开办报纸①。过了两三天，杨奇、杜埃、华嘉回来了。这几个人都是前辈，杜埃的资历要比杨奇老得多。他们四个人来了，加上自解放区的我和曾艾荻，还有一个叫吴楚，广东人。

后来我不晓得，吴楚同志在广州怎么样，他是南方日报编报的主任，我也很挂念他。他先是从我们这里，调到对外友好协会，调到一个什么中苏友好协会，什么华南人民对外友好协会。会长不是叶帅就是方方，副会长就是我。实际上，这个机构是空的。把他一个人调去，图章也在他那里，办公地点在哪里我不知道。一气的上下往来啊，所有事情都是他办。因为他能干，英语讲得很好。

我们汇合以后，大概就有那么六七个人。创刊那天，杨奇同志带队。实际上应该是我来带队，但是我走不动路，又是一口四川话，带什么队呢？其实我的老家在这，我是广东人。

我这个曾姓，很少，你在东北、西北找，找不出来。想一想，我从延安到北京以前，山西、陕西、河北、东北，呆了十几年，没听见一个姓曾的。姓曾的变成了一个怪姓。

曾夫子的家乡，我也去过。没有多少姓曾的，我说怪了，哪里去嘞？统统到南方来了。福建姓曾的多，江西姓曾的、湖南人里姓曾的就更不用说了。现在，广西、广东姓曾的也很多，就连香港也要成曾家的"世界"咯。

---

① "1949年9月中旬，解放大军南下到赣州时，叶剑英同志主持召开中共中央华南分局会议，会上决定广州解放后立即创办《南方日报》，将我党在香港创办的《华商报》停刊，俟广州一解放，《华商报》的新闻工作者到广州着手出版《南方日报》。当时我也在赣州，参加了这次关于创办《南方日报》的会议。1949年10月14日广州解放，15日《华商报》出了最后一期后宣告停刊，60多名工作人员取道东江游击队控制地区回广州，与南下的同志一起筹办《南方日报》，10月23日《南方日报》正式创刊。"参见王匡：《留下历史的印记——回忆叶剑英陶铸关怀南方日报的一些片段》，《南方日报与我——南方日报创刊50周年纪念文集》，第23页。

杨奇同志能干的很，那天晚上，在光复中路36号还是多少号①，带着这些人一起出报。那时《中央日报》已经被接管了，它的编辑工作人员一个都没有了，剩下的就是工厂里的工人。杨奇带着我们去报社，楼房是三层，编辑部在二楼，办公室是一个开间，没有地板。那个木板咣当响，没法睡。排版工作在三楼进行，排版还是胶版。

杨奇要我来写发刊词，为什么让我写？要不然我不是完全成拖累了么。这个情况自然就不能客气了。这个时候，报头还是虚位，怎么办呢？就去找李凡夫，他是分局宣传部副部长，正部长肖向荣，是十五兵团政治部主任。李凡夫给写了几个字，他写得很快。

创刊号上的"南方日报"，是李凡夫题的字。我们知道已经有领导——叶、方两个人找了毛主席来题字。当时每一个城市的报纸，都是毛主席题的字，广东不要毛主席题字就不好了。而且，毛主席也答应了，但是创刊时字还没来。

后来，毛主席的字来了。"南方日报"这四个字，"南"字的这一笔（左侧一竖）偏了一些，离开字很远。这下子怎么办，要排五个字的地方，这就不像样了。但是要是修改毛主席的字，在当时来说不可思议。我们几个人就商量该怎么办，当时在南方日报，就是我、杨奇、华嘉、黄秋耘、曾艾荻，还有吴楚、周方旸，六七个人都来了。周方旸是杨奇从香港带回来的，香港回来的这些人，能干得很，我到现在还记得。

曾艾荻说，那只有合在一起，要不然不像个样子。杨奇觉得不要。我看了又看，说，把这一点（笔画）移过来就完了嘛。在我看，这根本容不得一秒钟考虑的事。其实，我这样也容易犯错误。好像是周方旸去干的，把字重新弄一下，弄完之后，当然就可以出版。这种

---

① 实为光复中路48号。该社址是南方日报创刊时的社址，也是原国民党政府南逃广州后《中央日报》的临时报址。参见徐林、李强：《历经五次社址变迁，南方传媒大厦全新启用》，《南方日报》2011年2月19日A03版。

《南方日报》创刊号

做法其他人不敢弄，我敢，弄完了就很好看。

创刊出报，南方日报有两个人，功劳我觉得是一样的，一个是杨奇，一个是王匡。王匡是新华社华南分社的社长，后来我离开南方日报，他就来做社长。离开南方日报以后，我去了宣传部。待我离开宣传部，又去广东省教育厅去当厅长。陶铸要我去的。

《南方日报》创办后，我们就从爱群里面搬出来了，办公就是一个单间的木头房。当时，我们在哪里吃饭，住在哪里都没有着落。还是杨奇本事大。在南方日报社斜对角，两三丈远，有一块露天的空地，是平的。他找了一些人，搞来些木板，在平地上弄出了四间房子。其中一间是我住，还有一间住两个人。这样一来，就解决了十来个人的住的问题。

住在这的都是原来在广州没有家、没有房子的人。从香港回来的，有的是家在广州，就暂时去家里挤，还有的有亲友，他们就挤亲友家了。杨奇好像在广州是有家的。这一堆人回来，没有一间宿舍，都靠杨奇帮着张罗。所以我说，创办报纸，"一把抓"的人是杨奇。还有一个人，是王匡，他的办法多。他是广东人，他也是一个"三八式"，跟我一样，不过我是四川去的，1937年就到了延安，我们在延安马列学院就认识。

他当时也没有房子，他跟广州卫戍司令一个名叫张才千的军长很熟悉。我问他，怎么熟悉的？他说，他们在刘邓大军挺进大别山的时候认识，王匡是刘邓大军随军的新华社社长，张才千是刘邓大军里的军长。他们在一起钻山钻了两三年，所以就很熟悉了。我说，原来这么个关系，那感情是很深厚。因为，大别山那个艰苦的程度，是想象不到的。

王匡就跟张才千去要房子，当时是战时的广州，混乱了一两个星期，他跟张千才说自己没有地方住。张才千一听说，新华社没有地方？王匡说，南方日报也没有，对不起，帮帮忙。张才千就分了他两座金融大楼，吓死人了。

那两座金融大楼，就在623路上沙面①，过了第一个桥的右手第

---

① "1950年5月1日，军管会增拨了沙面复兴路42号前万国宝通银行旧址给报社，作办公和排字之用（印报仍在光复中路48号）。"参见梁茜：《夜静执笔沉吟醉阅尽风云笑履冰》，《南方都市报》2008年10月15日东莞读本12～13版。"1950年5月1日，报社从光复中路迁至沙面复兴路原美国万国宝通银行大楼办公。"参见莫广智：《初创时期的广告科》，《南方日报与我——南方日报创刊50周年纪念文集》，第35页。

一间。叫什么银行我也不知道，是当时最古老的一家银行，规模很大。从这家银行往右走，东南西北我也搞不清了，往西吧，走几十米有一家新式银行（金融大楼），建造是全新的。当时叫正金银行，是家日本银行。这家的建筑和过去的欧式完全不一样。但是这家银行比较新、比较大，给南方日报的更是大。

哎呀，这是杨奇办不到的，哪里也办不到。王匡一个人，交涉下两座大楼。当时分局很忙，他还忙于别的事。他还没跟我商量，也没跟杨奇商量，主动要到两间银行，分一间外表更雄伟的给我们。那个银行地下仓库，保险舱的铁舱门很厚。门锁着，现在不知道开了没有，现在我想，再不打开太可惜，这些资产要和对方商议，协商处理。

这一下子，我们就搬到沙面去，英国驻广州使馆就在这间银行的斜对角。上下八间房子，楼上多一间食堂，一共九间。那一间房子比这个还要大（指自己家的客厅）。广州人把它叫做骑楼，可以增加点实际的用处，不是一小间，是一大间。广州人的习惯来讲，夏天要坐到外面乘凉吹风，不然就热死了。

这个事情是最难解决的问题，后来有些出版家，有些机关，办公跟居住是最难解决的。通过王匡，通过杨奇，一分钱没花解决了。还是广州最好的，比陈济棠的梅花村房子还好。你想，外国人嘛，总领事馆（区的房子），还有不讲究的嘛。

所以我讲，《南方日报》创办时期，最重要的两位，就是王匡与杨奇。

## 三、"99%的领导工作是杨奇在做，我只做了1%"

杨奇说我负总责，是方便他开展工作。这是他自己形成的一种感觉。当然，杨奇工作有经验、有方法。反正，政治上，出了问题我负责。杨奇说我是主导，是真话。我讲的也是真话，我讲的是实际上的工作，也是真话。实际上，99%的领导工作是杨奇在做，我只做了1%，比方这一点要从这里到这里（按：指着南方日报的南字，意思是指改毛主席那个字）。现在看起来，是笑话嘛。当时，要做这个决定是需要胆量的。这要是到了"文革"期间，就能要我的脑袋。这样一来，杨奇干起来就轻松一点，出责任我负责。

出报没几天，报面上出现了一个"陈毅蒋军"，蒋介石的蒋。我一看，这个事不好办，杨奇与我，还有副总编辑杜埃——他曾在马来西亚、菲律宾抗日。什么马来西亚共产党、菲律宾共产党，哪有这回事，根本就是中国共产党。不可能要他们参加抗日，只是以他们的名义而已——我们几个又吓死了。

从前这种事情多得很，编辑要是发稿晚，完事就出去喝茶去了。我们在审查的时候，太长的稿子就删掉一些，太短的就放大一些。差得很远，我们稀稀拉拉的把他凑上去。排字这点权力要是没有，我们每天晚上还怎么出报。"陈毅蒋军"一出来，可不得了。万一有人发现，告我们一状，或者被华东地市、军区发现了，就不得了，又变成了一个了不起的政治问题。不好办。下一期我们更正不更正？

这种问题，编辑是负责不了的，又要杨奇、我、黄秋耘、华嘉等来负责。还有个人,新华日报来的,后来到中央宣传部办公厅做主任(按:姚黎民),在香港做编辑,名字我想不起来,就知道他的资历。

我们几个讨论,他们,香港来的几个不知道怎么办,都明白政治性问题不得了,大家都有可能受到处分。我心里面也很紧张,不大讲,征求大家意见。等到他们讲得差不多的时候,我才吭声。我说,混,混过去就算了,混不过去再说。我说,要是第二天登出来一个"更正",那还不成了笑话。人家都没注意到,你这一登提醒了人家。所以啊,我就是起到这样的作用。这也叫"重要"?当然,这个作用也比较重要。

比方说,还有一件事,解放不久,组织了一个香港澳门人士回到广州的参观团,叫做"回国参观团"。回国,国家的"国"。这个消息来了,通知我们要登。我看了大吃一惊。我跟杨奇说,你赶紧给饶彰风打个电话,这条新闻绝对不能这么登,要改成"港澳人士回省参观团"。我说,我们中国自己把香港澳门说成外国,这个担子要是下来了,我们两个可不能开这个玩笑。

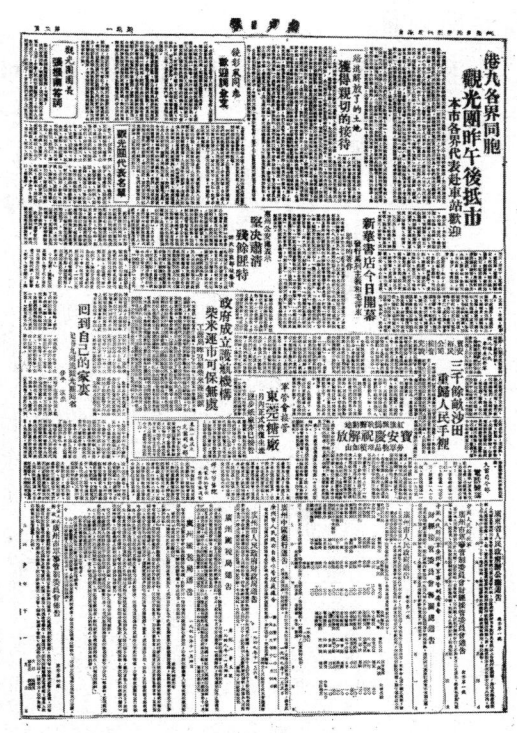

本版头条是"港九各界同胞观光团"

其实，之前中央一向没有注意过这个事情。那么多年，香港办的报刊，都是把香港直接称作"侨居地"，爱国人士说成"爱国华侨"。这么说香港，就等于这块土地不是我们的啊。

我们要改，而且当天晚上立刻通过电话通知新华社要求所有的报纸，都要改。当时，在光复路还有两三家报纸。这些报纸实际上是民主人士办的，其中也有党员。我说，赶快，无论如何必须几分钟之内通知到，绝对不能用。我们共产党要是这么用这个字，是我们对不起祖先。回"省"，绝对是回"省"，你们是一个省的嘛，回广州怎么能是回国嘛。

我干至多就是这些事情，鸡毛蒜皮的，但是一出错也够受的。又

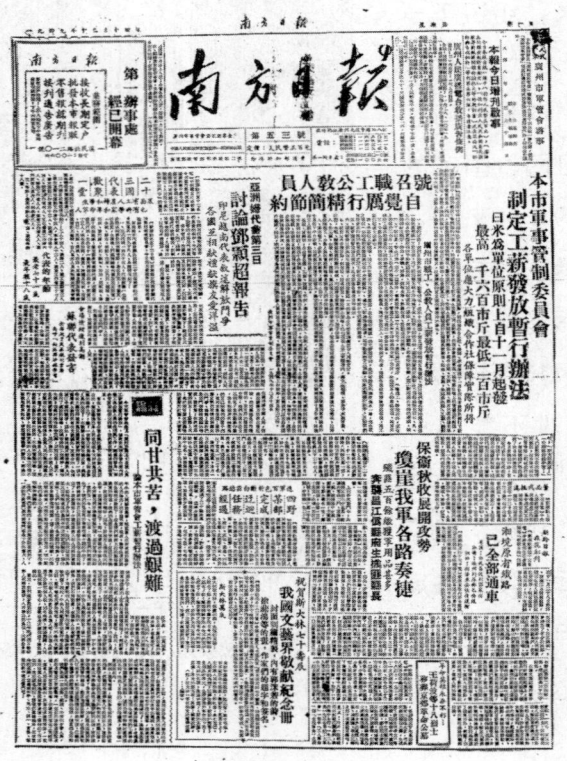

同甘共苦社论

比如，解放以后，12月份，旧社会都是发双薪，现在香港、澳门还是这个样子。但是我们那一年困难，公家拿不出这个双薪来，发不了双薪，于是就叫这些私人资本统统不许发双薪。而正式的通知，报上要登。

晚上7点多钟，我看到了这个消息。我就说，哎呀这个事情还得了。我知道发双薪的传统，到现在也有好几十年了嘛。你共产党一来，立刻就取消了。我说这个事要事先宣传，于是就写了一篇社论叫做《同甘共苦，渡过艰难》，一千到一千二百字。这个长短，是学大公报，不要太长，也不要写太短。第二天，各大公司单位（就根据这个社论），开始宣传今年经济困难，对不起大家不能发双薪啦，它们都以为这是分局的指示。

后来分局开会，分局一个星期开一次，叫做"分局委员扩大会议"，后来有个名字叫做"高干会议"。人很多，广东省各厅长、广州市市政府各局长，好几十个人。会上分局领导就说，"分局当时正在决定，这个工作刚下一个指示，还没有传达到，结果先看到这篇社论。哎呀，甚好！我们就基本上照着这个念。"

总之，这几句话（指不发双薪的消息）讲得有些强词夺理。强词夺理，就是要夺这个东西，不然，你共产党一进去，几天就把双薪给取消，这个事怎么讲得过去。

像这样的事情呢，我想得比较周到一点。同时呢，胆子也大一点，出了事我负责。我还非要出错呀，出不了就随便做，好让人检查？我这样做，还错吗？当然没错。所以，分局领导看到这些，当然很高兴。

我在南方日报的工作很清闲，但是杨奇就感觉到我，"不要觉得自己没作用"。就是这两三个月的时间，我们两个人之间，我实际上起到他顾问的作用。

　　当时社长是饶彰风，副社长是杨奇，我是总编辑。从最开始，杨奇同志大概也知道我的过去，就没把我当做是他领导的人来处理（对待），而处处把关系处理成是我领导他。这样两个人的关系能不好？既然两个人的关系这么好，我又尊敬他，尊敬得不得了，而且我非常看重这个人的能力，他很强的，所以一切事情都是他办的。第二个，他也看到这些事出了毛病的时候，有老曾敢于出来帮他点忙。所以解放以后，我们俩一个根据地出来，一个非根据地出来，我们两个人的关系非常好，全国很难找到第二份。

　　到现在为止，他讲的是真话，我讲的也是。这期间的领导，99%都是杨奇做的。你们现在评价下，到底是他做的，还是我做的？应该说，他确实是主要的，我起到了一个小顾问的作用。

　　杨奇说他只管理发行、广告经营等方面，编辑部没涉及。没有那么简单，采访不到真东西那我不管了。

　　两人的分工。他是副社长，我是总编辑。在言论方面，我的责任重一些。整个报纸的一切事情，都是杨奇在管。当时南方日报所有人，绝对没有一个人讲，说曾彦修和杨奇有矛盾，他们两个人相互夺权争功啊。现在也是。

　　到了第二年，也就是1950年。华南分局经过了一段时间的考察，看我跟南方日报关系没有搞坏，反倒老好了，就宣布我为分局宣传部副部长的任命，改任我为社长。杨奇还任副社长，另外找了一个人来做总编辑，叫做赵冬垠。这个人后来在佛山市委当副书记，现在恐怕去世了吧。

　　赵冬垠比我大几岁，是苏州人。1939～1941年，撤退到了延安，调到西北局宣传部去，所以跟我们中央机关往来很少。但是我知道他，也见过他。后来，他参加接管东北，跑到东北去了，当了几个县的县委书记。跟着东北大队伍南下，把他派到广州市政府当人事局的局长还是副局长，我闹不清楚。

我们还来往。在广州碰见了，他就跟我说，"叫我干这个东西，我不想干"。我说，"是啊，你干这个东西恐怕也不大适当"。这个时候，是1950年三四月，我就跟他说，现在省委宣布我做宣传部副部长兼社长，杨奇是副社长，总编辑这个缺口空出来了。

我说，你资历老得很（赵冬垠是三几年的党员，是1937年释放政治犯出来的，是我的前辈，又很能干），来这里当总编辑，好不好？这个事情忙的地方不多，你愿意干什么就干什么。我还说，行政的事情有杨奇来做，总编辑的事情我们两个共同担负。他就说，行啊，人事局的局长职位我放手，我管不了。结果，就把他调来当总编辑。当时，这里赵冬垠资格最老，比我强得很多很多。他是我老师一辈的，学问更是不用说。

赵冬垠当了南方日报总编辑，1950年他自己要求搞土地改革，去当县委书记。在此之后，就把李超调来当总编辑。黄文俞一到广州，就与王匡一同在新华社华南分社。

## 四、根本不信杨奇会贪污一分钱

到了1951年，开始"五反"，一些资本家被押在街上走来走去，我就感觉莫名其妙。1952年2月间，我带着一个土改工作团到云浮去，哎哟，可有名了。杜埃、陈残云、关山月（画国画、画梅花的，全国第一流），还有岭南大学、中山大学的毕业生，这个队伍大概有两三百人。这个土改工作团,我是团长。后来我想想,我当团长,挂个名可以,但真干我不行的。我推荐一个人,当时是华南革大一部的主任,在解放区当过多年的县委书记、地委副书记,姓王。当时学校慢慢停了。我说,就让他来当副团长、副领队。就这样,我们到了云浮。云浮县不得了,当时我在云浮,两边是高山,还有土匪。我们进去时,地委要派两个战士站在前后,保护我们。

土改就不说了,我们是另搞一套,确确实实是另搞一套。我也不向上报告,陈残云、杜埃,还有我,我们这几个三八式,还有比三八式更老的同志,都是集体商量过的,意见统一,根据情况,不会太了不起。陶铸这个人,还是通人情的。只要上面不压,他不会怎么计较。

到三四月的时候,突然来了个电报。地委来了一部救护车,又来了两个战士,跟我说,请你带上行李立刻到肇庆去。接着,肇庆地委书记梁嘉跟我说,没事,就是上面通知你立刻回广州。当时,上面正在进行"三反":反贪污、反浪费、反官僚主义。我没估计到是这个问题,我想我没有这个问题,我也没想到杨奇会有问题。其他人有问题也轮不到叫我。其他人要反我,倒是不稀奇。那就回去吧。我就想,延安时就莫名其妙地当我是国民党特务,现在又莫名其妙地"三反",不稀奇。

一回去,我就回到了单位,去了办公室,才知道杨奇被关进了老虎洞。咦?我第一次听说,老虎洞。同事说,你快去看看吧。我说,有些什么人。他们说,第一个大老虎,就是杨奇。

啊?我吃惊极了,赶快去看。一大间屋子,有七八个人,都是工作的骨干,有杨奇,还有印刷厂的厂长,经理部的经理洪文开。当时,我在门口看了看他们,我当然不相信这里面任何人会贪污一分钱。但是我当时，完全可以进去这间房子，安慰他们，因为上面对我很相信。华南分局"三反"五人委员会，我还是个委员。我现在检讨，我勇气不够！自己本该进去安慰他们，他们已经关起来一个多月，都很瘦的。

当天晚上，我是不是还要问，情况怎么样？我一句不问，我知道是假的！为什么呢？哎呀，这种经验多了，根据地搞这样的那样的事情，统统是假的。我根本不信。我说，杨奇会贪污一分钱？简直是狗屁胡闹！

我问，是怎么回事啊？当时，南方日报只剩一个秘书长在工作。秘书长叫张敏年，广东客家人，三八式，也是从东北回到的广东，后来调到广东省农林厅当副厅长去了。但是这个人，跟广东人，特别是梅县客家人完全不一样，软绵绵的，不得罪任何人。

我跟他讲，现在把杨奇弄起来以后，行政上主要就你负责啦？他说，我什么都不知道。我问他，为什么呢？他说，是分局派来的一个人，叫龙潜。龙潜是在赵紫阳之后不久，到华南分局秘书处当副秘书长，赵紫阳是秘书长。他做副秘书长，实际上没有多少事。这个人可不简单，是个老同志，坐监狱很多年。抗日战争后，从监狱出来，给周总理当秘书，还是随身秘书，最机要的秘书。他这个责任，后来交给了冯平。回到延安，他住的地方，我有时也去看看他。也有人说，他是四川人，监狱里出来的，我们都尊敬得五体投地。

哪晓得，稀里哗啦，一个多礼拜，十来天的时间，就打出了七只老虎。杨奇是"大老虎"，说他贪污一亿元。一亿元以上是大老虎。当时的一亿元，大概是相当于现在的一万元吧。当天晚上，我就说，有没有任何证据？他说，好像没有证据。我说，是不是任何证据都没有？他笑了笑说，确实是任何证据都没有。他就变成完全不当权了。

我说，好，今天晚上开一个全支部的大会，请杨奇同志出来参加。

杨奇参加了，参加这个支部大会的老南方日报的一批人，我记得有司徒坚（女）、周方旸、黄秋耘、黄向青、方亢等，这么一批党员。这么一批代表开会，我站起来，有五分钟没发言，光流眼泪。老虎洞里的老虎，只有杨奇一个人参加。我又怕声势太大。我把杨奇请来参加，就带了彻底否定的意思。这个情况是很特殊的。打了一批"大老虎"在洞里面，我把他"大老虎"请来开支部大会。我就是有这个胆量，因为我特别是有这个信心，这绝对是假的。为什么呢？我经历过几次了，统统是假的。我过去被打成国民党的大特务，我还不知道么？那么多冤案我都不相信，我就相信你这个是真的咯？那这样的话，我这个特务也是真的咯？当时还有编报的临时组长，后来调出去当什么秘书长的，陈革，揭阳人，他就是被怀疑是特务，他是1939年到延安的，到得晚一点，1946年张家口入党，从农村里边跑到张家口被当成了特务。

那天晚上，其实我是忍，我想骂！毫无根据地就把我们这么些同志，当成贪污犯抓起来。我是想骂，又怕领导误会我这是骂叶、方，这就不得了了。只有骂龙潜，那也不敢骂。过了五分钟，我讲了几句话。我说，现在的情况，什么都不知道。所以，今天请杨奇同志来，我建议我们这个会就散会吧。有些事情，今后再说。到会的同志，恐怕没开过这样的支部大会，总还有人记得，我相信。

当然，杨奇在这个地方老是要讲我。他也不知道，事先我也没跟他讲，他以为他来支部大会，会斗他一场。结果不是，他看见我不断流眼泪，他已经明白了。他也应该明白，我已经肯定他是冤枉的。所以我不说，杨奇同志，请你来参加支部大会，从老虎洞里出来。老虎洞里的是要判刑的。

这件事情，我至今无愧于任何人，无愧于杨奇，无愧于南方日报，更无愧于被抓住的那几个人。当时的这些人，总有人还会有印象，像编辑部秘书周方旸。因此这样子，我和杨奇在某种意义上，形成了一种"生死之交"。我做这个行动，要冒多大的险。我也没想过，我就在当天晚上开支部大会。被打成老虎的人，都不是（贪污犯），不仅杨奇不是，都不是。再过几个月，怎么办呢？

南方革大副校长叫做罗明，是1933年的福建省委代理书记。初期的罗明路线是对的，代表正确的方面，跟毛主席一面，主张分田地不要太乱来。

罗明长征的时候到了贵州，重病，肺病，组织就给了经费让他去香港治病，自己谋生。解放广州之前，罗明从南洋回到香港，跟组织接上关系。回到广州呢，就因为离开革命队伍时间太长了，所以给他安排的工作，在名义上很高。在南方革大，叶帅是校长，他是副校长。这样，名义上就过得去了。实际地位那倒不一定很高。

罗明在南方大学里被打成"大老虎"，后来查了查都不是。他和杨奇都登了报纸，我都看见，纸上都是黑体，这么大。到了秋天，还不叫平反，解决办法是从轻处分，含含糊糊。这个从轻处分，不讲他是，也不讲他不是。他们几个都不是（贪污犯），但是不讲处分又是错的。这样一来，《南方日报》还是用了黑体字，两行，都是点名的。罗明、杨奇，那一次专门为他们两个人，开了好几千人的大会。我还坐在主席台上，后来报纸还登了。

虽然有这件事情，但是我跟杨奇同志的关系，永远都不会发生矛盾。他知道，我那天回去没经过任何调查研究，就开了支部大会。我不要什么调查研究，我相信这种事情是不可能的。后来又因为什么原因呢？我问了杨奇。他说，买来的机器，是他想办法千方百计从香港用那个木船走私来的。从香港上船，运到广州附近的地方。这个机器是经过什么人捐款，买了一部卷筒印刷机，为香港《大公报》买的，当时准备以香港《大公报》的名义保存。英国封锁。杨奇千方百计偷运，他去干这个我是知道的。

我说，这么大的东西，真是有办法。他说，你在香港只要有钱，自然有办法。他说，香港管走私的人讲了，你只要给我钱，除了（想走私）总督府门前的大铁狮子，比较困难之外，没有什么东西运不来。必要的时候，要是想运，大铁狮子也可以偷回来。就是什么东西都运得回。

就这样把官员买通后，机器才运回来。组装机器更复杂，搞了好几回。南方日报换上了这个机器，一小时能印十几万份。原来的旧中央日报的机器，也是这样的，一小时6万份、10万份不奇怪。杨奇经过这件事情，他要买通多少人。但是，买通多少人这不等于是他贪污，只有这样才能把机器运回来。这是根本重要的。花钱买通人，这是有数的。

方方同志比较熟悉杨奇，信任他，叶帅对他不熟悉。方方同志是华南分局的干部，我是个延安来的小干部。这个延安来的干部，不排斥华南干部，所作的行为都是帮助这个华南老干部的。这样一来，我和方方的关系就打通了。

所以，杨奇这个大老虎就变成"零"，没有这回事。但是，党籍已经开除了，当时就开除了。哎呀，我说这个可就麻烦了。怎么办？过了几年，我已经当了右派了。大概是1958年。南方日报印刷厂厂长，姓唐（唐初），老工人、老干部，他来看我。我就问，杨奇同志怎么样？他说，入党了。我说，什么叫入党了？他说，重新入党。我说，怎么会重新入党？他说，这还是陶铸胆量大，现在杨奇同志还是

《羊城晚报》的总编辑。

我说，杨奇同志就不该重新入党，应该说他根本就没有开除过党籍嘛。就是说，杨奇同志的党籍应该不能中断的，中断半年恐怕都不大合适。当然，陶铸也是同意的，他自己新创办的《羊城晚报》，是他喜欢的，就让杨奇当总编辑。

## 五、南方日报初期人马"超过上海，超过北京"

南方日报初期的故事就这样。南方日报的人马，从香港回来，那是兵强马壮，名人之多，超过上海，超过北京。杨奇带回来的香港这批人，应该说，很不错。这七八个人不简单啊，司徒坚、王修平、周方旸、黄向青、方亢。哦，有了这七八个人，这个摊子就可以完全打开。

但是，不到一年，轰隆轰隆地调，结果一年半就调空了。第一个调的是小干部林穗芳，和编辑林佳是中山大学语言系的。南方日报代新华总社招50个学员，新闻培训学员，南方日报负责登启示，题目由他们来，看卷子由我们决定。一共有两三百人考，最后招50个人，新会姓吴的是第一名，林穗芳是第二名。中山大学语言系主任叫王力，非常著名的语言学家，抗日前在燕京大学，有三个名字，王了一这个名字更有名，后期用王力。商务印书馆出了很多的翻译书和很多的语言学著作，他很想留林当研究生，但留不住。

林穗芳，是广东人，靠近湛江的一个县出来的。他很想来，我也希望他来，不是送到北京去，而是留在广州南方日报。第一名送到北京去，我们留第二名。我就跟他说，你还有三个月就毕业了，等你毕业以后再来。他的老师王了一也推荐他，中山大学毕业文凭也有。

黄秋耘，老同志，是一个著名文学作家。实际上他是干情报工作的，他在南方日报是文艺部主任。他过一两个月，就跑香港一趟，一两天就回来。方方有一回就告诉我，他说，他只跟我一个人讲，不要管他，让他一个人走就行了。那我也不是傻瓜，我就懂得了，是去搞情报。后来，黄秋耘就说我在日本人的情报机关呆过。

黄秋耘是清华大学西语系毕业的，于光远的入党就是他介绍的，这个很多人都不知道。他在广州问我，你认识于光远吧？我说，当然认识啊，在延安就认识了，我把他当老前辈看。他是清华物理系毕业的，在延安很少很少有的专家。延安青年很多，有几千，前前后后，但像他这样子真正在清华大学物理系毕业的，这样硬过硬的本科大学毕业生，还是不多。

黄秋耘也调走了。这样一来，不断地有人调走。编报组的组长潘朗，就是潘公昭，抗日战争以前就有名的，是复旦大学协助教务长编日报的。当然，也是地下党人。潘公昭也调了，调到北京国务院对外文化联络协会去了。就这么不断地调，不断地调。

后来，把陈鲁直、成幼殊夫妇也调走了。成幼殊，是后来到台湾去办《世界日报》成舍我的第二个女儿。她是上海圣约翰大学毕业的，地下党员，陈鲁直是编辑部的秘书，也是圣约翰毕业的。他们夫妇外文都特别好。把他们一起调走，干外事，把成幼殊调去印度使馆做三等秘书。她走以前还来看我。我说，三等秘书是什么意思？她说，三等秘书就算外交官，再下面是办事员。

南方日报，就是这么调，还有资料室一个姓陈的，都调，英语很好，也调去北京。倒不能讲调空了，上面就是北京知道这几个在香港呆得久的同志，统统调走。他们不知道的，也就算了。但是，南方日报骨干多得很啊，调了几个也不会办不下去，司徒坚、周方旸、方亢、黄向青（都还在）。

还有一个副刊编辑刘逸生，年纪比较大，40来岁，他的儿子后来是个大作家①。副刊主编原来是黄秋耘，后来好像是他来主编。他不是党员，但还是能胜任主编。我有这个胆量，一个非党员连编一个小小的副刊都编不了，那你共产党还要什么人才能办得到？人家都说我有胆量，我说，这是"胡作非为"。实际上，你去调查调查，全国的省报哪一个的文艺副刊敢叫一个非党员来编？！他也不是个年轻听话的，已经40多岁，比我大十多岁。

1952年夏天调离，我一走，王匡就当了南方日报的社长。他来当社长，杨奇已经不在职了。打虎运动，平反了，但是平反了他干什么我也不知道。我在那里还没离职时，就极力向叶、方两个人建议，主张要杨奇同志恢复原职，任南方日报副社长。

没有什么培训。这个谈不到，没这么高的水平哟。当然根据解放区这么多年，相对的比香港回来的同志要更注意农村，这个是必然的。任何一人当总编辑都会这样的。香港办报没有这方面材料，我们的地方大，地方农村问题很多，当然就比较重视这方面。南方日报当时有几个农村记者很出名的，像黄向青。

延安解放日报的时候就提出来了，说报纸是教科书，报纸怎么是教科书呢，像那样办的话，报纸是脱离群众的，谁也不看。《华商报》回来的同志，我觉得没个适应不适应，我对香港《华商报》的同志啊，没有说他们和解放区回来的区别，根本没有这个想法。

华商报的办报模式和解放区的办报，完全是两套不同的模式。杨奇在广州办南方日报，香港办华商报，后来办大公报，杨奇是一会儿

---

① 即刘斯奋。

香港一会儿广东,两套都会。

## 六、实事求是办党报

对那时候广州存在的哪几家民营报纸没有印象了。没有时间去看它。影响不大。管理这些的,基本上权力都在像我这样的"南下"(干部)的手里边。

当时解放以后,没做过(办报纸)的准备。我心里面根本没有学《真理报》样子的想法,一丝一毫都没有。我不知道,我没看见《真理报》,所以说,还谈不到(学)。

延安知识青年啊,固然是受了很多年的思想训练,但是,知识青年当中的大部分,究竟占多少不大有数,可能是够半数人呐,也不是太多,可能是比较坚强的。并不是说,苏联一切都是对的,延安从来没讲过什么,没有讲过这个话,延安那是批判苏联。为什么?王明、博古、张闻天,这些人都搞右派那套。

办报那是办当地人的报纸,按当地人的提议。中央就是说,要按革命具体情况,在广东这地方,要求跟其他的地方要一模一样,根本办不到的事情。

1948年,只有新华社,设在晋东南,负责人是廖承志,代表共产党发言,发消息。这个当中发言的不少消息,毛主席不满意,① 定的是:宣传机构绝对不能脱离党中央的管理。办,必须要在河北的西柏

---

① "最近一时期内,各地宣传曾发生若干不适合目前党的政策事件,例如新华社太行分社……克服宣传人员中闹独立性的错误倾向。"《中共中央关于报纸通讯社工作的指示(一九四二年十月二十八日)》,中国社会科学院新闻研究所编:《中国共产党新闻工作文件汇编》,新华出版社,1980年,第121页。

坡，石家庄西面建平县的西柏坡，当时我们叫建平县①，就是石家庄西面一个县的西部。

廖承志同志在文字方面啊，用我们现在的话讲，就是"党的味道"不够。他人非常活泼的，不摆架子，因此他领导下的新闻也比较活泼，写得好。

西柏坡时候，编辑部干部都在西柏坡，和刘少奇一个院子，我们在前面，刘少奇在后面，一个门进出。在西柏坡工作了几个月以后，很奇怪的，把几个人调到新华社的小编辑部去，调去了哪些人呢？范长江、石西民。范长江和石西民这两个是很有名的前辈，其他的还找了四个，那就是文秘小组了，有我、廖盖隆，还有一个叫王宗一，六个人组成了评论小组。评论小组不评论的，我写过一篇很长的文章说这个，干什么我们不大清楚。

最感兴趣的就是每天发稿以前呢，有一个当天稿件的相互评论，显然是在开训练班。他也不好意思嘛——开训练班②，范长江当时是很有名，还有石西民，是老党员，对这些人将训练班不大好意思的，像

---

① 现名为平山县，位于河北省西部，西柏坡中共中央旧址坐落于此。
② "我（曾彦修）是1948年11月被调到西柏坡中共中央大院新华社小编辑部的。到西柏坡后，亲身体会到了毛泽东非常重视抓"文武两杆子"，文的是宣传部门，武的是军委作战部门。一般情况下，除了中央办公厅机要局必须在他身边，其他中央部门可以离中央远一点，但中央宣传部门和军委作战部门必须跟在他身边。文的方面，因当时中宣部人很少，宣传报道的具体工作主要是新华社和中央政策研究室来做。新华社总编室在刘少奇同志住的大院的前院，共走一个大门。前院为三间小平房（约40平方米），东边一间是胡乔木和谷羽夫妇的办公室兼卧室；西边一间是陈克寒、吴冷西办公的地方；中间一间较大，房屋中央由三四张长条桌拼起来，两边各坐四人办公，这八人是朱穆之、方实、黄操良、范长江、石西民、廖盖隆、我和王宗一。朱穆之、方实是军事组的，因为他们每天发的稿子最多，时间性也强，为了工作方便，就坐在紧靠胡乔木住处的地方。紧挨着方实坐的是国际组的黄操良，当时国际组就他一个人在西柏坡，其他人在总社，他的稿量不是很多，但涉及外交，政策性强，所以也靠胡乔木住处。其他五个人范长江、石西民、廖盖隆、我和王宗一是评论组的，由于重头文章毛泽东等中央领导同志亲自动手写了，评论组自己写的东西不多，所以时间比较宽松一些。陈克寒、吴冷西那时最忙，每天除了埋头看稿子，还要管业务行政。当时军事报道稿子多，朱穆之那时也特别忙。城市组、农村组的同志们则在前院两厢房办公。"参见史进平：《西柏坡的故事——新华社老前辈的讲述》，《纵横》，2013年第1期。

我们几个本来是学生那倒无所谓。每天发稿以后，当天有个评论，哪个稿件写得怎么样怎么样，文章的写法都评，包括一些文章在逻辑上是矛盾的，语法上不对，这方面是胡乔木的专长，我个人在这方面呢始终是他最忠实的学生。因为我从1943年在延安宣传部就是他的指导下，写东西他改。我这人有个好处，我不骄傲，十几岁到延安，骄傲不起来。虽然他年轻，比我们大不了多少，但是他在这方面思维清晰，文章的构造、逻辑、语法、用词、修辞这些非常非常的讲究。

后来，他主要写一些政治性文章，这限制了他的天才，大大限制了他的才能。他的天才是在文学艺术这方面的修养很高，眼光很深，看得很细致，自己亲手动笔，所以胡乔木同志对我来讲——老的同志都知道，我这点本事都是从他那里学来的。

他这个人有个好处，他没什么客气不客气，不认识的人，哪个对哪个不对，噼里啪啦统统讲，说得你脸红，哎呀，不好办。像田家英啊我啊，我们这些人比较虚心，在语法、逻辑方面主要是受的胡乔木的训练。这个班究竟是中央还是宣传部还是什么人的意思，现在看起来我估计是胡乔木个人的意思，就是开头上训练班，然后根本没有准备留人在新华社工作，这就是他的眼光。

当时，新闻的方针，毛主席提了要求。报纸付印以前的大样，必须要（当地）第一书记签字才能付印。[①] 这他老人家自己规定的，中央办得到吗？他办得到么？难道是毛主席签的字？都办不到。《人民日报》，这个任务当然是交给胡乔木了。陈伯达办不到，陈伯达身体呀，关上门办工作。陆定一也办不到。

---

① "各地党报必须执行毛主席所指示的由各地党的负责人看大样制度，每天或每期党报的大样须交党委负责人或党委所指定的专人作一次负责的审查，然后付印。"《中共中央关于宣传工作中请示与报告制度的决定（一九四八年六月五日）》，中国社会科学院新闻研究所编：《中国共产党新闻工作文件汇编》，新华出版社，1980年，第186页。

在《南方日报》期间，叶剑英也好，肖向荣也好，都没有签过版子，全部都是我签的。所以叶、方要我去，他们也是出于，这个版子它非得第一书记签才能付印。十一点过了，十一点半，半夜三更，拿大样去签，叶帅办不到，方方也办不到。他们一推，就推给那个时候兵团政治部主任肖向荣。① 他也是分局的常委，兼宣传部长。他也办不到，为什么办不到呢？因为他晚上要睡觉，他干了这个白天干什么呢？所以他也办不到。

开始两三个月，我说我签是可以。后来上面大概抓得更紧，没有法子制止。哎呀这个很要雷厉风行的样子。但事实办不到。他们上面怎么决定，经过我就不知道。只好用假的办法来对付了。假的办法，如果我仍然在南方日报，以总编辑的身份，照着他们有的那个样，来签，就付印。查出来不行，哈，上面查出来，狸猫换太子啊。分局书记说，我把这个任务交给你肖向荣，交给肖向荣，到了必要时候能帮你挡一回将。

肖向荣是老中央书记，中央书记三个小青年最著名：肖向荣、胡耀邦，还有上海市党委书记，一下我想不起来，三个人，十三四岁。肖向荣是十三四岁参加革命，也是文化最高最有能力的。这个呢，就肖向荣的签字，代表叶、方。那么肖向荣他，当然是晓得，晓得门

---

① "由于《南方日报》是华南分局的机关报，按规定每天晚上报纸的大样出来后，必须送给华南分局宣传部部长肖向荣审核。创刊号的大样就是我送过去的，后来改由编辑部秘书周方旸专送。"参见杨奇：《泥上偶然留指爪——杨奇报刊作品选》，羊城晚报出版社，2012年，第136页。"当时《南方日报》每晚的大样是送到东山华南分局宣传部长肖向荣家里给他审阅签发的。送样的任务最初由吴楚等同志负责，后来转交给我。这样，我每晚在二、三版清样出来后，即乘报社那辆唯一的福特小汽车到东山肖向荣家（小汽车随即回光复路报社取一、四版清样）。肖部长看完一个版后，我即在电话中把肖部长改动的地方传回报社。直到12月中，曾彦修同志调入华南分局宣传部副部长，《南方日报》的大样改由他签发，这项送样到肖部长家的工作才告终止。"周方旸：《报头的来由及其他》，《南方日报与我——南方日报创刊50周年纪念文集》，第20页。周方旸时任《南方日报》编辑部秘书。

槛，就把我啊，从南方日报总编辑的这个地位啊，弄到总政治部去住了啊。

我就住在政治部，给我漂漂亮亮一间房子，外面是他们的会议厅。晚上半夜三更的，《南方日报》那个时候人少咯，送版样来，签谁的字，还是签我的名字。代表叶、方那一些人。不能签人家的名字啊。我签叶帅，第一个，你那个字看出去了，叫人查去，这问题就大了。但是实际上，你去当叶剑英，叫你十二点钟，天天都十二点签了之后，你才能休息，办得到吗？白天你还忙事，还要出去视察，到外地去视察。毛主席想弄调查研究嘛，他和叶、方都经常要到各地去呀，那人不在那几天又怎么办？

大样都要给我看，副刊我全部都要看，每个字都要看过的。副刊可以前两天就出来，不要晚上八九点钟（签）。

（宣传部的指示）都是说抗美援朝的事情。其他的，中宣部它不太干预。他也怕干预错。陆定一这么一批人呀，如果他要挑出毛病了，没毛病他硬要是挑出来，那要是错了，不得了。

当时一个星期开一次会，分局开会，分局扩大（会议），没个正式名字。见报以后慢慢地叫"高干会议"。当时叫"分局常委会"，每个星期开一次的会。参加的人只有二三十个。然后广州市的负责人，广东省的，像主席、副主席，还有厅长，都列席。

《南方日报》列席会议，那是必要的，首先要的。别人列你不列，就是轻视。所以当时我们都参加这个会议，根据叶、方的指示来宣传。那具体情况在广东嘛，总不能按照抗日时候的《解放日报》来办。当然了。《真理报》、《解放日报》是不是更先进些，我也不知道。

第一次全国宣传会议,我是华南带队的人。第一次全国宣传会议,开得莫名其妙。当时陆定一一心要开,陈伯达素来不善于组织会议。

实际上呢,这个会议是胡乔木(主持),一切都是他筹备。我记得这整个的会议,是跟大家见那么一二十来分钟,见见面。这个会议,呢,就是说,毫无作用。这个会开得跟不开一样。开到半途,他们领导向上面汇报,向刘少奇汇报,说我们这次会呀,究竟为了什么,主要为了什么目的。反正它没大到哪里去。

至于有没有明确讲要学《真理报》的经验,好像我记不得了。这个会过程当中啊,胡乔木,他这个人啊,本事很大,文章很会写,组织工作优势,专业优势这也怪不得他,他没搞过这个。过了几天以后,他就向刘少奇报告。我还记得刘少奇的讲话。他说,共产党开宣传会议,不知道宣传的目的,岂不是大笑话么。我觉得他的话,讲得也有道理。其实他下面讲的也差不多。共产党开宣传会议当然宣传马克思主义、宣传毛泽东理论。诶,他这个回答就是大而化之,跟没回答一模一样。

叶剑英、方方、陶铸,他们三个都重视媒体,陶铸倒还更注意一些。但是有个特点啊,就是,对我和王匡两个人,比较放心。哎呀,包括那个,那个什么,那个主要领导人,他也当然深藏得很,没翻车。害怕报纸闯祸。报纸创刊的时候啊,叫两个书记是头痛死啦。所以呀，检查不完的。①

（成幼殊说写一个外国艺术团到广州访问，被你在采编大会上批评。）这个想不起来了。叶帅当然劳苦功高啦。叶帅手脚大，跟着周总理多年，对接待我看不惯，浪费严重，在广州的大船摆酒，酒宴送到江边，江边再通过什么东西送到船上，十几只船。可能成幼殊报道比较纪实，我心里怎么想呢，而且还有一个问题就是堂堂中华的一方"诸侯"，一个外国的小小艺术团，欢迎的程度这样隆重，超乎一切，太浪费了。我自己也参加了，主要不是批评成幼殊的稿件，在这个问题上，成幼殊老实没有我看得远。我就是根本不赞成这样子搞。

我极端反感，我觉得叶帅大方，跟周总理一样，好体面。在招待外国总理、元首来访的时候，张闻天就跟周总理有很多矛盾。张闻天就是说用不着花这么多钱，用不着这么铺张，特别是送礼，不要送这些东西。对苏联来访客人的招待很隆重，一天三顿饭，每顿饭干部都陪着他吃。我都被勒令陪着吃过早饭，我不是民族主义者，但是我觉得我们当时的做法，苏联是个弟兄，我们自己把自己降低了地位，把苏联就看得太重。这个不是我跟成幼殊闹矛盾，我什么事情我都有

---

① "叶剑英同志很重视舆论监督，通过南方日报把我党的政策，教育干部和群众。有一件事给我留下了深刻的印象。解放初期，四野一辆军车在广州市大东门撞死了一个青年工人。时候法院审理这个案子时判得很重，初审给司机判了死刑。其指导思想是，对军队应当从严要求，若判轻了，群众会认为军队有特权。对这件事情，叶剑英同志曾两次对当时担任华南分局宣传部副部长、南方日报社社长、党报委员会委员的曾彦修说，法律对所有的人都平等，军人也一样，不能例外。司机驾车行驶过快撞死人应当判刑，但是罪不当死，驾车撞死人抵命这是全世界也没有先例的。报纸当然不能干涉司法，但是可以反映读者意见，对这个案件的判决表示不同的看法。根据叶剑英同志的指示精神，《南方日报》刊登了两封读者来信谈这件事。信件发表后收到100多封读者来信，大多数人认为司机确有责任，但法院判决亦不适当。其中有一封信来自死者母亲。她说，儿子死去我很伤心，但是以命抵命再死一个人，我儿子亦不能活过来。这个司机虽有过错，但他不是故意杀人，法院给司机判死刑，过重了。司机母亲的这番话十分感人。当时省法院院长周楠十分重视南方日报的反应，被告自己也有上诉，最后这个司机被改判两年徒刑。在叶剑英同志的关注下，南方日报刊登了读者来信，这件事得到妥善的解决。"参见王匡《留下历史的印记——回忆叶剑英陶铸关怀南方日报的一些片段》，《南方日报与我——南方日报创刊50周年纪念文集》，第23页。

主见。

成幼殊报道韶关军地矛盾的事情我记不得了。如果我要请示，只有两个人可以请示，方方和叶帅，具体的问题归方方管，方方他以地方干部自居，不便发表意见，他还要问叶帅。所以我估计这种情况不请示，出了问题我负责。

## 七、广东反地方主义、侨乡调查以及土改

广州地方干部怎么就不对了呢？我对此有意见。反地方主义，南方日报就反到了杨奇那里去。我们那个时候没有反，根本不会这么做，反杨奇就是反我自己。其他人反地方主义，我根本就不赞成。我没有法，我没有讲过任何人半个字，而且明显地在方方同志面前表示过。

我说，因为什么反地方主义？广东干部走遍天下，这是全国最开放的地方，走到东北就在东北，走到北京就在北京，走到贵州就在贵州，走到南亚，走到马来西亚，走到人不知鬼不到的地方都能够团结，都能够发展势力。都是老干部，都是老同志，哪里来的反对"南下"干部之说啊？

这是中央提出来的，而且毛主席也同意，到现在回头看，当初要你叶剑英去广州，就是觉得广州很难得有这样一个人，又是本地人，本事还那么高。方方这个人资格老。地方干部降级使用。我全懂。

陶铸这个人，有能力、有魄力，跟着正确领导做正确事，跟着不正确领导做不正确的事。陶铸、赵紫阳两个人反地方主义，我对赵紫阳他意见可大啊，整叶、方，真正整得要命。

恐怕是1952年，华南分局组织一个农村调查团，赵紫阳已经当了华南分局秘书长半年多了。这个秘书长的权力还是很大的。中央忽然就派他来。现在这些无所谓啦，过去我要杀头的。就是分散叶、方的权，就是分权内政、处置违规的一切。当时住在那个农村工作调查团，赵紫阳是组长，我是副组长，另外还有个干部，分局办公厅抽出来的干部，下去调查。调查什么？呢，你们说，广东华侨比较多，一个人回去，建造房屋，两层楼、三层楼的。跟旧的那个砖木结构不一样，半洋半土。外面灰砖灰墙，看起来是洋房，好多个县都是这个样。办喜事的，摆酒办席的，甚至一条一条的小马路小街道。修建这些房屋的钱啊，是这些华工、华侨在海外劳动做小生意赚的。他们成为资本家以后在香港建房。

调查的结果，就是这些房屋，没用。像里面的人，劳动的人还照样穷，照样苦。这些房屋呢，大致上可以确定，90%以上还是95%以上，都是用海外劳工寄回来的钱修的，肯定的。我是不主张弄的，这些华侨的、台湾回来的，丝毫不要侵犯。他懂的。但是土地改革通通侵犯了。什么道理？就是上面逼的，上面逼他们。老实说，他们要是有我这样能顶的、坚持的人十分之一呀，不会搞得这么糟。你不觉得，试一试看嘛。你实在顶不住了再说。

叶、方就走了。方方啊，就得以辞职，调到侨委会当副主任了。当时廖承志当主任，他当副主任。叶帅呢，调回北京中央以后，去当时的军委中央军量部。总之这件事情就是，陶铸很会工作、很聪明、很能干，但是呢，冲动。陶铸你看看，对我一点不坏。他呢，年轻气盛，是吧？哎，叶、方那里我讲话不能随便，叶、方比较严肃。其实啊方方跟陶铸两个人差不多的。陶铸是黄埔军校的学生，他随便，嗯，讲话随便，嘻嘻哈哈看不出个正经。你跟他讲话三言两语，你超过三分钟他根本听不下。我现在还记得，回忆他，回忆他大概多少时间要抽烟。

总之广东人对土改呀，我的意思就是说，应当搞得好一点。因为叶、方对广东的土改认识没话说，真正是全国第一。他在广州市建立了城乡联络办事处，这个处长就是安平生，后来的云南省委书记。安平生跟我两个人，我们又是同在一起的同学到一同工作，一个单位二三十年，我比他早（到广东）。安平生到东北去干这个事情，从东北调到广州。

乡下搞土改，不能够随便把地主都拿来打呀斗呀。你要按照，尽可能按照法律，该怎么处理，有纠纷就到这里来。哎，就是通过文件、通过县委书记开会，地方就开始强调一个东西。形式上由城乡联络办事处，安平生来处理。

叶、方在广州出这个政策，是重视、稳妥。我看，在全国超过任何省。是正确的，最正确的。而这个正确并不是他们发明的，正确是根据中央的方针、对广东的批示，去跟澳门、香港拴在一起。广东外头的人很多，很多财产往往跟外头的人分不开。所以呢，就特别谨慎。

解放以后，我听说梅县一个县50个中学。中国这样的县只有两个，一个是江苏省吴县，一个广东的梅县。拿吴县说事谁都知道，国有化，乡下国有化的中心。梅县呢，知道这个地方重要，客家人，军人。梅县据说是国民党的少将跟我们的少将，出了五十几个人。旁边那个蕉岭，据说国民党军队少将也出了五十个。大家都穷，在山地边，平民。我说，这个（教育）才行呦。

解放后，大学不敢抓，这些个书记、副书记、省长，解放了3年，没有一个人敢到中山大学、岭南大学去讲演。共产党抓大学，那是面子，面子问题啊。岭南大学，那个时候是教会大学，大家都怕去。

我就去东山陶铸家找他谈话。我说南方大学、华南革大，就是我们进城的短期训练班，和过去延安的抗大、陕北公学是一模一样的，政治训练、改造思想。我说这能解决什么问题呢。现在跟延安时的抗大、陕北公学环境、条件根本不一样。教育战线是重头戏。陶铸这个人很有魄力，什么事情只要讲得是对的，肯定给你办了。一听，说，对，就照你讲的办，你就去当教育厅长。

很快，他就作了决定。革大停办。华南革大是全国办得最晚、停得最早的，成立了华南师院。我当教育厅长，还真是走马上任。但是两三个月后，我就走不动，关节炎大发了。

教育厅长做了个把月，就是暑假，遇到了问题。中学生要考高中，但是根本没有那么多高中来接收，高中毕业的，更不能都进大学。没有几天，就示威。我没有办法，只好草拟个谈话，自己担起这个责任，要不，就是省政府，就是华南分局承担。谈话经过审查，公开发表。我说，全世界这样的情况都会有的，不是说所有的高中生毕业都能升大学，不是所有的初中生毕业都能升高中，现在全国都是这样。如果所有的初中生都能升高中，那要办多少高中才够呀，大学就更不用说了。公开表了态，登了报。不公开表态，怎么办呢？我来顶着，我想，无非示威更大一些，要接见的话，我就出来接见，无非还是讲这一套。当时虽然请愿了好几次，但讲了这些道理，事态没有太扩大。其实我这套办法是把问题推开，是打太极拳，打官腔。

1953年三四月间，开全国第一次教育厅长工作会议，我代表广东教育厅参加。后来"反右"派时，人民出版社人事科长贴大字报，说曾彦修填的表，说他当过教育厅长，完全捏造。我也不去辩，运动一来，什么事都有可能发生。我说，你们去翻翻报纸，我正式发表过谈话，我参加过全国教育厅长会议，不但参加会议，钱俊瑞当时是教育部的副部长，还提到过我。算好，这些事，我不怕。我发现运动一

最大的事情

来，除了不好说你是外国人外，其他全可胡说。

所以陶铸后来也一起参加了反地方主义。啊，这个事我的印象不太好。土改当中啊，搞得太糟，主要导致一个是侵犯华侨太厉害，还一个就是其他方面，没坚守。

## 八、《南方日报》和"大镇反"

在 1950 年初，毛主席就在中央宣布大张旗鼓地镇压反革命。

我个人的想法，广州，到了 1951 年春天还没有干这个事情。估计恐怕要到 1953 年的时候才会干，少是少不了的。我们这个解放军从 1937 年始，1949 年进城，12 年。毛主席要干这个事情，不会说其他要干的广州不干，估计要干。

要干之前呢，不是说你公然就干了，那是分局讨论又讨论，各个地方，宣传部也好，什么青年团，各个大学的我们的政治处，新华社、《南方日报》，报纸根本统统去宣传这个，统统都在内部动员起来，反复开动员会。分工，你准备什么材料，你准备什么材料，你搞什么材料，当时叫"三样"。

1951 年，在广州遇到了一个突然袭击。有一天九点多钟，政法组成幼殊从公安厅方面拿回来一个明天要枪毙 141 个人的一个罪状。

一看这个罪状都是抽象的，就是"一贯反动"啊、"危害人民"之类的。根本不对，而这个东西啊，一老早，黄炎培就到延安的纪委去，要提议，说你们枪毙人的时候，什么"一贯反动"啊、什么"危害人民"，要具体的什么什么事情啊。你就讲具体事情，那还行啊。你杀人可以，证据是什么？哎呀！我给杨奇看，我说糟了糟了。版面什么呢，就谈不到了。

我说这种事情，现在时间够，去请示叶剑英，叶剑英要是说，我知道，太难了。但是就是谁也不甘心，没有任何路。登出去不行。这样我完全失掉了责任，我们对党也是不负责任。当初能制止其他的处罚，跟这个完全不同。就这么拖，拖到半夜，杨奇也很坚定（反对登）。我就更犹豫，大家望着我，我敢去签这个字吗？我那个哪里敢呐！

谈来谈去啊，当时有一条内部规定啊，只有杨奇同志跟我两个人知道。就是发表消息，该发表还是不发表，报社负责人（觉得）超过他的权力范围啦，就打电话给第一第二负责人，在广东当然就是叶帅。其他人不知道，其他人全不知道。

万不得已时会这样子做，什么叫万不得已啊，谁会去半夜三更地打电话，给这个第一书记，第一书记要休息……哎，还要你干什么？我不敢。杨奇说现在的情况，真是到了最后关头，唯一的就是一定要打电话给"203"，叶帅的代号。解放初期嘛，都还在战争环境，就代号"203"。

哎呀难啊，我也就靠一个"狠"字。我说万一，你要说白天，当然你要冒着险，冒着开除党籍的危险，你还可以提议。这时间，等不得啊，时间冇得了啊。

大概十一点半，我硬着头皮，只有打电话一条路了。叶帅知道后决定临时召开紧急会议。

开会时，某某某气得大怒，他带的一个处长某某，嗵嗵，拿着几个麻布口袋的资料扔在地上。这在叶帅面前，太不礼貌。叶帅讲，听说你们明天要枪毙140多人？"听说"这两个字，刺激了某某某。某某某说，这不是分局决定的吗？叶帅说，分局决定是说，中央大镇反的这个决定我们要执行，这个指示是讨论过，可是明天你们这个行动……

叶帅还没有说完，某某某知道出了问题，立刻打断了叶帅的话。某某某说，我们现在有关部门全部漏夜办公。他强调明天这样大的行动，要用多少卡车，沿途的警戒，刑场的警戒，处理后事要多少人等等，多少人漏夜办公，都在等着。

这些话讲完后，叶帅说，报馆讲讲吧。老前辈讲话，一些名词都是老的，把我们叫报馆。

我说，毛主席的大镇反运动，我们都是拥护的，不敢反对，也不会反对。但是，大镇反跟宣传分不开，叫"大张旗鼓"，新解放区的行动，不宣传这些人的罪行，他们就不能接受。这样的事，中国历史上没有搞过。我举出了其中有前教育厅长。我说，据我所知，他是公开从香港回来的，不是偷偷回来做情报工作的。这样被处决，是不是好？

某某某反驳我说，他这样反动，参加反动党政军情汇报，你知道吗？我说，不知道。当时我是不知道，后来才知道，他作为教育厅长，必须要参加。在解放前一年吧，国民党有个党政军联席会议，是专门镇压进步的学生运动的。大城市都有，国民党党部特务方面、政府方面、军队方面出席。政府就包括教育厅长参加。

我说，毛主席的方针，要大张旗鼓地宣传。宣传他们的罪恶，要发动全民来声讨，大学发动大学生，工会发动工人，青年团发动年轻人，妇联发动妇女，街道也要发动居民，都要全民来讨论、声讨，全国都是这样做。报纸不是一天，而是一两个月几版报道。我说，这里边有杀害苏联驻广州总领事的人，还有那些杀害我们重要负责人的人，这些材料都没有掌握，明天一件材料也没有，而罪状里边写得含含糊糊。作为罪状，闹不清楚，老百姓更闹不清楚。

某某某很生气，指着几袋材料对我说，你看吧，材料都在这里！这样，好像变成了我跟他争论似的。我怎敢争论呢，你这么老资格，我敢争论吗？但是，叶帅既然后半夜召集会议，我就知道叶帅已有自己的想法了，不然不会开会。

叶帅叫某某某不要那么激动。但某某某仍然怒气冲天地说，我们这个事，是毛主席抓的，是中央抓的，要大镇反，广东已经慢了，受了上级的批评。

叶帅发言，把我讲的例子也讲了一些，说这些人，是应该在报上宣传，不然，处决他的理由，老百姓不知道。还有，像"一贯反动"、"民愤很大"这样的罪状不能成立。叶帅在国统区工作那么多年，知道民主人士对我们"一贯反动"、"民愤很大"这些"罪名"素来就有意见。

某某某没有退让，说，我们今天晚上全部在漏夜办公，什么都准备好了，明天不动，这个事不好办。而且这个事，分局讨论过，分局知道。

这下把叶帅惹火了。叶帅说，要不是报馆给我报告，我也要明天看了报才知道。我们开会，是一般地谈过的，但是明天这样的行动，我不知道。是报馆给我报告后，觉得你们这样做有点问题，才开会的。

叶帅不得不点题了，最后不得不说：某某某同志，我们要记住中央苏区的教训呀，刀把子究竟掌握在党委的手里，还是掌握在你们保卫部门的手里，中央苏区血的教训还不够吗？这等于叶帅跟他摊牌了：是你说了算，还是我说了算？叶帅用的全是老名词：保卫部门、刀把子。看来叶帅有点不耐烦了。

某某某是老资格，他不怕。但叶帅说了这些话后，某某某才没有办法，知道叶帅已下决心了，站起来说，打电话，明天停止执行。

古老（古大存）说，好啊，好啊。

某某某去打电话，通知明天停止执行。他通知有关方面说，大家不要走，等他回去再说。电话就在会议室旁边，都听得见。

某某某打了电话后，我不得已地说，我也要打个电话，报馆那么多人全等着呢。我给杨奇打电话说，杨奇同志，明天不执行了，你另发稿吧。

这次是叶帅做主，没有叶帅做主，我怎么了得？！

这样，就商量怎么办。古老、李凡夫，都插言了。这种会议绝对没有记录的，是秘密会议。最后决定，这些人的罪状，还得重新研究，罪名还得重新落实。一些人，这次不应该杀的，就不杀了。

某某某怎么解释呢？用现在的说法是他们没有秀才，没有笔杆子。一句话，没有整理材料的人！天老爷，你们那里没有会整理材料的人，你们就可以罪状不明地杀一百多人吗？

李凡夫说，你们没有笔杆子，怎么不找我们呢？我以宣传部的名义，找一百人、两百人都找得出来。南下那么多，那么多大学地下党的，找一点人还办不到吗？

这样谈了后，叶帅最后说，既然这件事是报馆反映的，就由报馆出人吧。

这个会就搞到晚上两三点。回到报馆，我把经过讲了。我讲要我们报馆组织一个组到有关部门帮助他们整理材料，其实是核实材料。我说，会上建议，由杨奇同志带人去。第二天，或者第三天，杨奇带了政法组组长成幼殊等人去了。

第二天，李凡夫召集全市有关方面的干部开会，发动、准备控诉会。尤其是青委在几个大学要开大会。这一套是必须有的，要不然，糊里糊涂处决一百多，像什么话！

第三天，我就动身到北京开全国宣传工作会议去了。解放后叫第一次宣传会议，跟组织工作会议同时开。我带队，规模很大，广东几个地委，几个市委，还有海南岛的二三十个人。我早跟方方讲，应该是李凡夫去。方说，留下主持工作更重要。

这次宣传会议开得一塌糊涂，由胡乔木主持，开了两个星期。许多广东地下党的同志第一次出广东，想转一转。上海市委宣传部就发出邀请，在上海住几天，经过杭州，拐个弯回广州。这样一来，三四个星期个把月就去掉了。

回广州当天晚上，想找杨奇和成幼殊问情况，但是，他们还在监狱里工作。这时，我才知道，他们整理材料是在监狱里。他们回来后，我问了问情况。我说，你们也坐了监呀！他们在监狱里整理，我很吃惊！他们说，不是在监狱里，是在监狱的办公室里。当时没有什么法律，这是法院的事情，但根本没有法院参与。

又过了个把月。有些上海调查，有些北京调查，准备了几个版的材料，开了一些会，大学、青年团、妇联、工会等统统动员起来，各阶层都准备好了后，执行。毛主席要求的就是大张旗鼓，全民动员呀！我们有此点理由，才敢说话。

成幼殊现在在北京。这几年为这个事，我跟她谈过几次。我问她，提出疑问的多不多呀？她说，不太多，变化并不大。我又问她，教育厅长究竟枪毙了没有？她的印象是枪毙了。现在看来，既然是从香港回来的，就是特务头子，我们也不能枪毙。就是戴笠公开回来，也不能枪毙。他是公开回来的。成幼殊告诉我，变化并不大，减少了两三个人。他们就是把罪状写得具体、清楚一些。从头调查根本办不到了。现在杨奇还在广州，成幼殊在北京，我敢造谣吗？

　　这件事对我来讲，看起来当时有点胆大包天。当时我是拼了，看怎么处理吧，总之我不能也无权照这样签字付印。一切都决定于叶帅的当机立断，能够在听了我的简单报告后立即召集会议。这件事，我这一生非常感激叶帅。关键是叶帅最后讲的话重要：刀把子究竟是掌握在党委手里，还是掌握在你们保卫部门手里。当时叫"保卫"，现在还有些地方还叫"保卫"。但现在的保卫跟过去的不太一样，什么偷呀，都归它管。它过去是管捉人、杀人的。1957年"反右"的时候，某某某公开出面，差一点把我捉起来，比这个紧张多了，简直就是小说。

　　后来我就自豪。我说这呢，是到了没办法的，到了悬崖边上，你不跳也得跳。跳了明知了下去可能跳死，可是呢只好跳。

　　（你们当时为什么冒这么大的风险去反对？）你们这个报纸事先没有宣传，事后也没有宣传，没材料宣传什么，这方面不得不冒险。第一个关乎党的利益，这样严重的问题要使党的威信受多大损失；第二，是和我自己的个性有关系，无非就是把我当成反革命抓起来，抓起来就抓起来了嘛。

　　（完全可以他拿过来你就登了？！）那还叫你叫老党员叫啥？老党员，北京中央机关出来的，政治上把关了，要不然要你把什么关呢？文化上最大的关就是我，这个就牵涉到变成反革命会不会被抓起来。结果真的叶帅都不知道，古老啊，省政府的副主席，也不知道，报馆事先不通知，给你文章你登出来就是，权力之大，站在一切之上，我最恨这个。

## 九、怀念煲仔饭

这时期,我们穿的都是那个布衣服(指军装)。后来,在广州做过一套衣服,不是我自己做的,分局办公厅同志做的,就在汉民北路①。解放期间叫"汉民北路",就是纪念胡汉民的,我们进去(广州)的时候还没盖上新路。衣服就在那做的,做大了点。两件衬衫,一长一短,还有一套中山服。短袖衬衫还有用,长袖毛衣,做了就没有用。在广东也不得穿,热。穿起来呢,也不行,它只要压过再一穿(就有褶皱)。

我见过杨奇穿西装,他后来又回到《大公报》去,在北京我跟杨奇见了几次,他很喜欢穿西装。在《南方日报》的前三年,印象中好像没穿过。

和杨奇面对面办公的办公室,比那个(按:他家阳台)还小得很。就是在一个洋楼一层间,我看也就是十平方米。两张桌子面对面。当时晚上开会,我们有七八个人,每个人自己带一个凳子,挤进来的。

另外三楼上有一个会议室。会议室不大用,基本上是开党员的支部大会时用到一点。都在食堂吃饭。吃晚饭,一长晚都在一起。我走路不方便,当时就不方便。拿开棍子以后,就下楼、上二楼这些都没啥问题。

就说吃饭吧,广东的饭,样样都是宝贝。我们两个月就在马路边

---

① 1966 年,易名"北京路"沿用至今。参见王棠:《北京路话旧》,www.guangzhou.gov.cn/node_2230/node_437/node_439/node_619/2005-09/112674746369594.shtml

上吃嘛。整个的南侧饭馆，整起两个钱去吃饭，就马路摊子啊。去吃了个叫煲饭什么的。一个人有个锅，上面，双层饭，两根腊肠，下面一提溜青菜，很嫩青菜都。呃，四毛钱。四毛钱嘛我就是说，货币，1954年货币改革以后四毛钱。当时就应该是400元、4000元还是4万元，那我就弄不清楚了。啊，那个饭，走遍全国，四川、上海，都必定找不出来的呀。哎呀，高兴吃那么好的菜那么好的饭。主要是菜呀，那个香啊，下面放的香肠，实在是好。它那个青菜，用剪刀剪，我第一次看见那个用剪刀剪，七条、八条、十条，然后再倒进去磨。那种世间也没有的。所以到现在啊，你叫我出40块钱，吃那么一次，我也愿意。现在怕花钱也办不到了。猪，养猪的方法什么都变了啊，光这条就办不到了……

# 附：广东"地方主义"与海外奇谈

看完《同舟共进》今年（1997年）第3期上张江明同志的《广东"地方主义"冤案是如何平反的》一文后，我即打电话给林文山同志（牧惠）。我说：没想到古老（古大存）竟也被打成反党集团的头子！我说，如果说古老也反党，那么天下人谁不可以说反党？如果说古老也是反党集团的头子，那么天下人哪个不可以说是反党集团头子？这些罪名同古老怎么沾得上边？林文山回答我说：我觉得你该写篇东西，你是历来反对广东有"地方主义"之说的，也可以说代表了一批最早南下干部的看法。你那几年又在上层，总会知道一些事情的。我说：我对内情也一无所知，只觉得事情来得太突然太奇怪了。林说：说说你的感觉就很好，那时南下又在上层的，已经没有什么人了，你是标准的南下干部，又有延安的金字招牌，你出来谈谈好。于是我就写了这篇东西，感到这也是我的责任。

一

从进广州起，始终列席中共中央华南分局常委扩大会议的，经我反复回忆，现在似乎只有王匡和我两人了（其他前后几十人多已去世，有的同志则在1952年前后调离广州）。

我的观察和感想的中心是：广东根本没有什么"地方主义"，根本不存在排斥外来干部、南下干部、大军干部的情绪和行为。要说有，简直是海外奇谈，纯粹的无中生有。即使个别地方发生过两方面干部有不够融洽的情况，也扯不到排外问题上去。因为，同是本地干部或同是外来干部之间也同样会有关系不够融洽的情况发生，那又是谁排挤谁呢？

广东解放才两年多，1952年就大批方方的"地方主义"了。其实，刚解放的广东，事实上一切大权都在南下干部手里。我感到十分奇怪：这样大反"地方主义"，不是正好同毛主席的正确教导相反吗？事实上，广东省政府的各位主任，各厅局长，我几乎想不起有一两个不是南下干部担任的，我想起了一个卫生厅长是陈汝棠，是老民主人士中的左派，这是千该万该的。广州市政府也是如此，广州市委基本上也是如此。市委市府里朱光、梁广是外来干部，组织部长钟明是"本地干部"，但他是去延安参加"七大"的，在延安学习了几年，也是南下干部了。中共中央华南分局就更加明显了，组织部（正部长好像由方方挂名兼任）两个副部长，林李明同志如说是本地干部，那么区梦觉大姐就是百分之百的南下延安干部了。宣传部长肖向荣（未视事），副部长李凡夫、曾彦修，三人都是百分之百的南下干部。社会部更不用说了。只有统战部是以饶彰风为首（好像也是副部长，部长名义由方方兼），那里的华南老干部似多一些，但外地人既不熟悉本地中上层人士，语言又不通，这种安排也是对的。舆论工具南方日报、新华分社、广播电台、出版社，全都掌握在南下干部之手，清一色的。文艺界领导人是欧阳山。地委、县委我不甚悉，但知很多地县的主要领导权也是掌握在南下干部手中的，而且基本上都升了职。我当时的感觉正好相反：广东这个地方从来都不是一个后进地区，论革命也是如此，广东人志在四海，云游八方，同狭隘的地域观念好像素来联不起来，怎么现在忽然从上到下都变成"地方主义"者呢？我怎么连"地方主义"的影子也没有感到一点呢？可是在广东推行的却是猛烈的、自上而下的、普遍的反"地方主义"（即打击本地干部），受严重打击的人数，竟多达二万多人，有些人竟作了囚徒，甚至送了性命，很多基层干部和战士，就简单地解散或强迫复员回家，例如原琼崖纵队一万多人，被复员回家，不少人连一纸复员军人证书也没领到，也没有安家费。特别是2000多名女战士，强行复员回家，有的无家可归，当乞丐，甚至当妓女和自杀（见吴之、贺朗著《冯白驹传》第763页，当代中国出版社1996年出版）。不要说没有"地方主义"，就是有一点甚至严重的"地方主义"，也不能采取这样"全面内战"的干法呀！当时广东的地方干部差不多都处在人心惶惶、朝不保夕的状态中。至今思之犹令人感到战惧。

## 二

张江明文章中说到广东的反地方主义，当时甚至把叶帅也扯进去了，叶帅似乎是广东"地方主义"的后台似的。这真可算海外奇谈中的海外奇谈了。叶帅在50年代初，是何时离开广州的，为什么离开的，调到哪里去了，全是绝对神秘的。我作为分局的一个上层工作人员，对此竟无所知，总觉得叶帅在华南工作这么好，又是真正的"南中物望"之最，人地极其相得，对港澳，对海外华侨威望都很高，怎么这么一个高层领导人，无声无息的就消失了？我所见的叶帅是豁达大度而又很公平的领导人，他会搞什么"地方主义"？相反，他在会上每每带点开玩笑似的说，我身边的人，秘书、警卫、司机，以至厨师，都不用"老广"，而只用老八路（我想王匡同志可能还记得这些）。我当时很奇怪，"参座"（当时大家都这么称呼他）为什么要这样讲呢？为什么广东人要用北方厨师呢？吃得惯吗？看来，叶帅似乎早已有所预感怕人家做他"南天王"的文章了。

叶帅在华南的威信是很高的。像他那样着重经济建设（包括重视土地改革），坚持以恢复和发展生产为中心，进行土地改革为城乡生产扫除障碍，为国家工业化创造条件；着重全面执行"公私兼顾，劳资相利，城乡互助内外交流"的十六字方针的高层领导人，确是十分突出的。叶帅做梦也没有想到要搞闭关锁国政策，他用很大的力量来搞黄埔开港。这么注意经济建设的老帅，我看见和听见的就要数朱总和叶帅最为突出了。此点，我同王匡同志交谈过，看法完全相同，因为很多事情是我们亲自看见的。（以上各方面要写起来很长，从略）

我在几年间的会议上，看见叶帅确是很尊重华南老干部的，对尹林平、谭天度、林锵云、冯栗、梁广……这些同志都非常客气，虽然他们发言很少，但叶帅总要特别征求这些老同志的意见，一点也没有领导人的架子。这些老同志真可以叫做与世无争，他们会同谁争权夺利呢，可是听说连这些同志也统统被打倒了，而且在"文化大革命"中一再被斗，有些人死得很惨。我现在想起林锵云那个白发苍苍的、稳重谦和的老前辈的惨死，还有饶彰风那么稳重谦和朴实的同志的早被打倒以及后来的惨死，就要止不住地流下眼泪。

我有个印象，当时批判广东土改是搞慢了，太文雅了，总之，罪名是"和平土改"。上面来的批评，似乎还尖锐地批评了所谓"广东特殊论"。其实这两者是一回事，所谓"广东特殊论"是"和平土改"的理论基础。不管"广东特殊论"这个尖锐批评来自何人（当时这一批评，听来听去主要是针对叶帅的），我以为都是错误的，甚至是荒谬的，任何地方都有它一定的特殊情况。要想以一个普遍的公式来强使各地完全依样画葫芦，这是典型的、脱离实际的教条主义和公式主义。这同必须按照具体情况作具体分析，然后作出不同的具体政策的马克思主义原则，同毛泽东在《矛盾论》、《实践论》中阐明的诸多根本原则，是完全对立的。新疆没有特殊性？宁夏没有特殊性？苏南与苏北没有各自的特殊性？都有，而且很特殊。广东的特殊性就确确实实很重要、很突出。例如，侨属特多，因此侨汇也特多，稍有动静，新中国的威望在全世界华裔中都会受到正面的或负面的影响；工商业者特多，从全省范围来讲，应是全国工商户比例最大的省分（主要是商业）；毗邻港澳，港澳同胞多数在广东内地有家，有近亲，不可分割，经济上基本上也是港澳同胞接济家乡，广东省内一举一动都要影响港澳同胞对新中国的态度。此外，无论港澳或东南亚华人都还需要广东生产的各种土特产品。广东的土改如不考虑这些大量存在的特殊性，那就叫盲动、乱来。没有区别对待，就没有政策。叶帅正是从全国的根本利益出发，从中国共产党的整体利益出发，因此，他才兢兢业业，戒骄戒躁，全面安排，稳步前进。正是用的所谓"临事而惧，好谋而成"的作战方法。所以，叶帅考虑的广东土改是既要坚决，又要稳妥，绝不作鲁莽武夫。要说宣传"广东特殊论"，那么，确是叶帅讲得最多，但这正是这个胸怀全局的儒将的特点和优点。叶帅在小会上无数次地讲过："不怕事前不研究，就怕临事不研究"（这里限于篇幅，无法介绍叶帅对它们的精采解释了）。叶帅就是这样在无数次地强调调查研究，强调具体问题、具体解决，反对主观主义、教条主义、公式主义和经验主义。

在实际工作中，我在小型会议上多次看见叶、方二人，尤其是叶在领导广州郊区土改时的认真细致精神。不知道开了多少次会，主要的发言人是叶、方、朱光（副市长，一直实际主持市府工作）、饶彰风（分局统战部主要负责人）、孙乐宜（市公安局长，很老的同志，作风较细）几位同志，其次才是古大存同志。他们谈的都是又要坚决土改，又要坚决保护城市工商业；既要坚决满足贫苦农民的合理要求，又要制定种种方法防止把城市搞乱。说"革命不是绣花"么？有时候，有些工作又要有点"绣花"精神才行，针脚乱，全幅刺绣都报废了。我看叶帅对于党的重大政策问题，执行起来，有时候就有点"绣花精神"。这种精神不等于事务主义，而是坚持党、国家、人民的利益高于一切，不准胡来、乱来，不能一切依靠暴风急雨、乱刮台风来解决问题。毛主席不是称赞过叶剑英这个人"吕端大事不糊涂"么？这句话是民间一副对联的下联，上联是"诸葛一生唯谨慎"。我看叶帅在广东处理土改问题、华侨问题、工商业问题、统战问题、港澳问题……等等，都是十分谨慎细致的，是如临深渊、如履薄冰似地在广东工作的；是"临事而惧，好谋而成"地在广东工作的。因此，"广东特殊"论、"土改右倾"论两个主要批评叶、方的武器，是在理论上和实际上都站不住脚的。不顾广东的特殊性，把侨汇款项建造的房屋一律没收这才是真正的大错误。（这些房屋，1951年赵紫阳和我带了一个调查组是到新会、江门、开平等县去了解过初步情况的。知道那些整村整村的新式洋房都是靠侨汇而不是靠地租建造起来的。）

遇到了很'特殊"的情况，处理上能够不"特殊"吗？1952年，我奉分局叶、方之命，带领了几百名文教干部到西江地区云浮县去参加土改工作（其中有大名人陈残云、关山月、杜埃、韩北屏等）。我建议地委委任长期在华北作地方工作、又有土改经验的华南革大一个部的主任王万春同志担任云浮县委副书记（书记也是南下的，作风极好），我住在县里，主要在各工作队跑。一两个月后了解到很多情况，其中就有几个颇为棘手的很"特殊"问题。这里只能举几个例子谈谈。例如：有些贫农家里有小老婆；有些中农家里有"丫头"；尤其困难的是云浮县由于县境北枕西江，在旧社会，有些靠江边的村庄，常常男女老少一齐出动对过往船只进行洗劫（他们有常备"水军"，可在江面上强迫商船靠岸），他们一般不请人吃"板刀面"（不杀人）。我们反复讨论（记得陈残云、杜埃等几位大队长或中队长都是一齐参加讨论的），分析认为，这些都不是个别的现象，有它们形成的历史原因。如广西、湘南赣南有些山区太苦，一遇旱灾，死者枕藉，有些少女少妇逃命来到广东，只要能不立刻饿死，大家过穷日子，就留下来做了丫头或小老婆了。至于集体抢劫，那是群众性的谋生"副业"，他们自己也不大隐讳此事，觉得这没有什么稀奇。我们多次讨论，结论是：不告不理。至于县北境集体抢劫问题，只处理确有证据、在群众中也很孤立、并有血债的个别匪首，对广大群众则发动他们提高认识，控诉旧社会的罪恶，分别作自我批评之后，仍均以普通农民看待。这个决定，我们连西江地委也没有正式请示（我只是去肇庆开会时向地委书记梁嘉同志口头报告过，他也全知道这些事情，也同意我们解决问题的办法，并对我说，你那里好呀，这些办法本地干部不敢讲呀!），这就是典型的特殊问题特殊处理的办法。你说这是"右倾"、"特殊论"吗？你去试试看看你把那么多少女少妇"解放"出来，往哪里送？哪个管饭？你把那么多老百姓定为"土匪"，定出那么多"匪村"、"匪户"来，老百姓不暴动吗？所以，对上述这些特殊问题如果不特殊处理，不仅土改搞不成，而且必然是四面树敌，全线紧张，工作队员连足也定不住了，还谈什么土改？

所以根据我本人的切身经验，深觉批叶、方的"广东特殊论"，纯属主观主义、教条主义、一刀切主义的无稽之谈，根本上不能成立。

## 三

我觉得，批广东"地方主义"现在虽然是把方方、古大存、冯白驹的两次、三个"头子"都平反了（方方迟至1994年才平反），这是全党的一个胜利。但在长达数十年之久用以批判叶剑英、方方、古大存、冯白驹这些领导同志的种种"理论"，却一直未曾澄清过。即批地方干部，批"广东特殊论"，批"土改右倾"这些指摘究竟对还是不对；那时的正确与谬误现在是否已经颠倒过来；地方干部究竟仅仅是处理过重，还是根本上就是凭空硬加的罪名；等等。我以为如果不在理论上予以澄清，那么，对历史上的错误的教训与认识，就还不能说是深刻的。如果遇到了某种适合的气候与土壤，这类怪物又会重新冒出来，有的同志对这些彻底错误的东西，又可能认识不清，而失去对这些荒谬东西的认识能力与批判能力。本节就专谈这个问题。

我以为批判以叶帅为首华南党的领导干部和大批一般干部的所谓"地方主义"、"广东特殊论"、"土改右倾"等，至少犯了下在政策与理论上三个方面的严重错误。

第一个错误，是彻底违背了党的正确的干部政策。毛泽东同志曾经多次明确而又正确地指示过，如果本地干部与外来干部发生矛盾时，主要责任应该在担负主要领导的外来干部身上。我记得，1944年王震、王首道从延安领军南下长江以南各省时，毛主席有一个重要讲话，说共产党的干部要有松树的坚定性和柳树一样的"灵活性"（不一定是这三个字，一时查不到文献出处），意指随便到哪里都要能够生根开花，再扩大繁殖。毛主席同时还指示，到一个新地方，对当地原来的工作，应该首先连说三个好字，不要一下马就胡乱批评；并强调干部关系如果弄不好，主要责任应该是在外来干部身上。上述这篇演说辞，《毛泽东选集》未收入。可是毛泽东1945年4月23日，在党的"七大"上作的《论联合政府》报告中关于这个问题讲的类似的话，这里很值得引用一下，在推进解放区的各项工作时必须十分注意扶助本地人管理本地的事业，必须十分注意从本地人民优秀分子中大批地培养本地的工作干部。一切从外地去的人，如果不和本地人打成一片，如果不是满腔热情地勤勤恳恳地并适合情况地去帮助本地干部，爱惜他们，如同爱惜自己的兄弟姐妹一样，那就不能完成农村民主革命这个的任务。（《毛泽东选集》第三卷第1091页）。这是1945年4-5月党的"七大"正式通过了的，怎么一得到全国性的革命胜利后，政策上就发生了一百八十度的转变呢？是通过什么合法的手续后转变的呢？显然一切都没有，这样做是根本违反"七大"的决议的。

第二，是思想方法问题上的错误。当时武汉方面强烈反对所谓"广东特殊论"，实质上这是很荒唐的理论，因为这就是坚持教条主义、公式主义。只承认矛盾的一般性，而不承认矛盾的特殊性这个更为重要、更为难于解决的问题。矛盾的一般性是要解决封建剥削问题，坚决实行土改。在这个根本点上，叶、方诸人都是明确坚决执行的；至于在广东如何进行土改，这就有诸多特殊的矛盾问题需要仔细研究，这就决定了广东必须按具体情况制定出一些具体措施之后，才能进行全面的土改。

除了政治上的盲人，谁都会很容易地发现广东有很多明显的不同于其他省区的特点。这就是说，在广东，除了农村中反封建的普遍性的矛盾要解决外，还有矛盾的特殊性问题要根据具体情况区别对待地去解决它们。没有区别对待就没有政策。不顾矛盾的特殊性，甚至反对和不承认矛盾的特殊性，那就必然制定不出分别对待的种种正确政策来。这就不能不严重违反马克思主义的辩证唯物主义和毛泽东同志在《矛盾论》中强调在中国革命中，要特别研究和解决矛盾的特殊性的问题。《矛盾论》这篇长文，它的中心思想和永恒的思想光辉就在它强调地提出矛盾的特殊性和着重指出更重要是解决矛盾的特殊性这个问题。它的"矛盾的特殊性"这一节不仅篇幅比"矛盾的普遍性"一节多三四倍，而且即使在"矛盾的普遍性"这一节中，他着力分析的还是"矛盾的特殊性"这个问题。他们也不了解研究当前具体事物的矛盾的特殊性，对于我们指导革命实践的发展有何等重要的意义："矛盾的普遍性已被很多人所承认，因此，关于这个问题只需很少的话就可以说明白；而关于矛盾的特殊性，则还有很多的同志，特别是教条主义者，弄不清楚。他们不了解矛盾的普遍性即寓于矛盾"(《中说的特殊性之中毛泽东选集》第一卷第279页)。

毛泽东同志类似的论述很多，不是这篇文章所能引用的，这里只再简单引用两句。

列宁说："马克思主义的最本质的东西，是马克思主义活的灵魂，就在于具体地分析具体情况。""教条主义者不遵守这个原则，他们不了解诸种革命情况的区别，因而也不了解应当用不同的方法去解决不同的矛盾，而是千篇一律地使用一种自以为不可改变的公式到处硬套，这就只能使革命遭受挫折，或者将本来做得好的事情弄得很坏。"(同上，第286页)

第三，特别明显而又特别严重的错误，是这些指摘，从根本上都是违反毛泽东同志提倡的、整顿党的作风的根本原则——"实事求是"的原则。因此，这些批评指摘是违反马克思主义的根本工作方法的。毛泽东是这样解释"实事求是"的："'实事'就是客观存在着的一切事物，'是'就是客观事物的内部联系，即规律性，'求'就是我们去研究。我们要从国内外、省内外、县内外、区内外的实际情况，从其中引出其固有的而不是臆造的规律性，这种态度就是党性的表现，就是理论和实际统一的马克思列宁主义的作风。这是一个共产党员起码应该具备的态度。"(《改造我们的学习》)。

这个问题，邓小平同志讲得更多了，他首先是把"实事求是"放在一个根本重要的地位。1978年6月2日，在全军政治工作会议上，邓小平说："实事求是，是毛泽东思想的发点、根本点。""我们也有一些同志天天讲毛泽东思想，却往往忘记、抛弃甚至反对毛泽东同志的实事求是、一切从实际出发、理论与实践相结合的这样一个马克思主义的根本观点、根本方法。不但如此，有的人还认为谁要是坚持实事求是，从实际出发，理论和实践相结合，谁就是犯了弥天大罪(《邓小平文选》第二卷第14页)。小平同志讲的这一类的话那就很多了。

上引这段话倒可以作为对当时对叶、方的"土改右倾"等尖锐批评的一个总回答：叶、方犯的就是小平同志在这里讲的这种"弥天大罪"？

从上述的引用与分析，我们可以明显地看出，55年前对叶、方(以及后来的古、冯)的种种尖锐批判，包括地方主义、广东特殊论、土改右倾以及和平土改等等，从干部政策上、思想方法上、领导方法与工作方法上等多方面说来，都是错误的。真理一点也不在批判者的一方。如果说在经过了55年之后，是非还不能分明的话，我以为这是不可能的——因为争论的并不是一个很抽象的问题，以致半个世纪都得不出结论的问题。如果把侨汇建房加以没收分配这种错误也不能认定下来,那就是只要搞极左的东西,就是错了也不能批评了。这样的历史,应该永远在一个伟大的党的历史中结束。

## 四

我觉得方方同志各方面的领导工作经验很丰富,文武全才。抗战胜利后,他在香港负责全面领导工作时期,并不仅仅是为港粤两地工作。他人在港而责在华南和全国,是为全党全国工作的。1952年,在广东反地方主义,是先有结论,然后才在上层搞开的。我听见一个会议上传达了一个批评信息,叫做"古老太老,方方不方",我便知道非同小可了。"太老"先不说,"不方"可不是玩的,是属于道德品质问题了。但我觉得方方并没有什么不"方"之处,还以为经过讨论是可以辩正的,所以也不太重视。但是后来大反特反了,我却始终不以为然,认为这是根本上违反毛主席多年提倡的外来干部对本地干部应有的态度的。我内心里只有一个想法:不应该这么整坚持地方斗争的老干部。

1978年国庆节前后,我因公到过西南某省,见到过当地的一位主要负责同志,承他以礼相待,我很感激。我们见面约半小时,谈了由我提出的一件事,即广东的反地方主义是否正确的问题。我明确表示那是错误的,广东根本没有地方主义。我说,最好的例子就是我们二人。我们二人算升了多少级呢?三等九级也不止吧!你还有个县级做基础,我什么也不是,虽在中宣部工作了几年,但那是整风后,机构已根本不成形,大家连个科员、干事的名义也没有(党中央机关当时大多如此）。可是我们受到过谁的轻视、排挤与打击呢？所以，我们似乎在适当时间通过不同的渠道向上面反映一下这个问题，这是广东本地干部一个个被压得透不过气来的沉重负担。这位同志倒没有正面坚持广东一定有地方主义，只是说，这个问题动不得，怎么能翻呢？

1988年10月26日前，南方日报为纪念创刊40年（其实是39周年），邀请一些南方日报的前负责人去参加纪念会。我说如果杨奇能请假从香港回来参加，我一定去，如他不能回来，我便不去，因为主要领导工作的十分之九是杨做的。回答是杨奇一定回来，我便去了。会大约有二十来人参加（我记得赵冬垠、黄文俞同志去了，李超同志似未去）。我发言可能有半小时，什么也没有讲，只讲了个广东没有地方主义，反地方主义完全是错的。我即以南方日报为例，我不懂办报，杨奇是老行家，什么大小报都办过，可是我的名次在杨奇之上，我们合作亲如兄弟，谁也没有排挤过我，其实社内谁办报也比我内行。谈到这里，黄文俞同志接上去讲了几句，说，我们新华社（华南总分社）不也是一样吗？我同王匡同志不也是一样的亲如兄弟吗？对这个问题，别的同志未发一言，一来不是会议主题，二来，现在想来，那多年反"地方主义"的副帅还正在登峰造极的位置上呢——不知我怎么根本未考虑这个问题。大约因为我不是本地干部，没有被整得那么可怕，所以胆子大一些。

我对方方同志的印象很好，觉得他能力强，经验多、方面广、见识宽，也比较讲民主，一点也不使人害怕。可是，在反方方的地方主义时，我若见风使舵，出来对方方落井下石的话，当时倒可能会有某种轰动效应的。这就是：1949年大概在9月间，南下干部驻在江西赣州郊区农村，一天黄昏时，叶帅的秘书来找我，说是"203（叶帅当时的代号）找你去"。距离不过二里路，说话就到。在场的除叶、方外，还有分局秘书长李嘉人（这是一个多好的同志啊!）、办公所主任林西。叶对我说，你的工作问题，我们想同你商量一下，我们的意思是要原来的方案换一换，因为原定的南方日报总编辑刘思慕同志不到广州了，上面已决定要他去上海，因此，我们要你去代替刘任总编辑。叶还诚恳地解释说，不久前，中央才公开发布过决定，报纸的最后清样都要第一书记签字后才能付印，新区忙得不得了，我怎么办得到呢，你去我放心些。同时说明，刚刚解放，宣传部的工作还施展不开，抓报纸更重要，所以宣传部的事情也就暂不宣布了。还问我有什么意见没有。我说当然可以，不过在根据地我没有办过报，无经验，反正，华商报的同志们都回来了，我边学边做就是了。接着，是方方同志对我讲了一些肺腑之言，他说，华南文化界、宣传战线上的老资格、大名人多得很，立刻宣布你任这个工作（指分局宣传部副部长），对你可能反而被动，工作起来不一定很顺利。所以，我们反复考虑的结果，你这个名义就暂不宣布，你努力去办报，进城时报纸工作确实更重要，你可照解放区党报的方法办，这些，华商报同志不熟悉，还要你多多帮助他们；政治责任就交给你了，以后也由你代表报社同分局联系，彰风同志就不管了，这也了却了我们一桩心事，并说希望我能理解这一新的安排，并问我有什么意见。我很感动，方方老前辈如此诚恳地把心里的话讲了，一点外交辞令也没有，对晚辈党员如此爱护，确实令人尊敬。这个问题如此顺利解决，叶、方似也面露高兴之色。回来后，王匡问我什么事，我如实告知，因为他路过武汉时，早从中南局方面知道了我已定的工作职务。这件事，我以为方方同志处理得很好，他从全局考虑，这正是一个老领导工作者的好党性和领导艺术的表现，我衷心地感谢方方同志对一个晚辈的真正爱护。所以，在批方方同志的地方主义时，我压根儿没有想到要讲此事，因为谈话那天很明显地看得出来，此事是出自方方同志的建议（事实上半年以后仍宣布我担任原来的工作名义）。如果讲了，就会变成"爆炸性"的材料，当然，我的人格也就从此"破产"了。

经历数年几乎每周能接触到方方同志在华南的领导工作之后，我根本没有发现方方有一点什么"地方主义"情绪。1988年，我到了一次广州，任何地方都没有去，只到叶帅的墓前致敬，又再一次去农民运动讲习所，这次去的目的，是专门为了查找学员名单中方方同志的名字，结果在墙上就写有学员名单，方方的名字很快找着了，面对方方同志的名字我默哀而退，其他也不想多看了。方方平反，竟拖到1994年，张江明文章说是"由于种种原因"。其中有一个重要的原因我是想得出来的。今后如果不能够肃清这类"原因"，甚至还处处去维护这类特殊的"原因"，那么，"实事求是"的精神怎么能够真正恢复呢？

## 五

关于古老。1952年批方方时，叶帅传达了两句话，叫做"古老太老，方方不方"。"古老太老"是什么意思呢，大家只好瞎猜了。不外两义：一是这个人太古板了；二是已太老了，不能适应形势，作用不大了。但当时已能感到，古老大概只能纯粹挂名了。其实当时古老的年岁并不老，更说不上"太"。只是一股强烈的轻蔑之意。

但是，如果一定要说"古老太老"倒也可以，不过那是褒意，不是贬意。即古老这个人实在是太古道直肠了。人们常有"英气逼人"、"才气逼人"之说，这是褒意为主，但那个逼字也有贬意在内。对古老，我只觉这人也有点"逼人"，但这是"正气逼人"，一个内心不那么正气的人，在古老面前恐怕不会那么自在的。所以，这个"古"就是"古朴"、"古直"之古。"老"即"老成""老实"之老。

古老虽是广东的老干部，但抗战时期，他基本上是在延安，抗战胜利直到全国取得胜利时，他这几年又全是在东北工作。在延安时，他任整风后的特大党校（共分七部，每个部都是一个独立的大党校）的一部主任。这个"一部"可不简单，当时是集中了根据地、大后方以及沦陷区的很多主要与重要的党政军领导干部在那里学习的。所谓学习，主要是学习1931年以来党的两条路线的斗争，即反对王明左倾错误路线的斗争，以及总结自己在内战时期与抗日战争时期工作的经验教训。所以，古大存任这个一部主任，可不是一个小职务。一部的学员有的是中央委员，还有不少是七大上当选的中央委员或候补中央委员。如果古老当时不是受到毛主席和党中央异乎寻常的相信和重视，能委任他做这个工作么？

我看见的几年间，古老在分局常委扩大会议上，是从不作长篇发言的，但对重要问题，他总会发表一些简短扼要的意见，从不回避矛盾。古老发言，从不趋时，从不文饰，从不讲空洞的废话，说一句算一句，态度严肃，但并不严厉可怕，确确实实是经常不同意左倾的意见和做法。这可是古老最正确、最令人尊敬之处。"一贯右倾"是没有的，一贯反对左倾与极左则是事实，这是古老极其光荣，而又最令人怀念的地方，也是古老不朽的地方。我可以举一个例子。叶帅除每周要召开常委扩大会议之外，有时他为了某个问题还分别找几个人来谈谈，我参加过若干次这样非常规的小会，其中有两次都是关于"肃反"问题的(这个问题为什么要找我去,说来话长,此处不能谈了。但此中原因,杨奇、李超、司徒坚、方亢、张涛、周方肠尤其是成幼殊诸同志都是很清楚的)。对这问题本来有些反映,觉得成绩当然是决定性的,但方式太猛,要求太急,工作有些粗糙,也同中国人的风俗太不一致。但在正式的会议上,谁敢说半句呢?可是在这种小会上(我记得大体是叶、方、古、有关直接负责人、分局组织部、宣传部各一人),我就听到古老提出过一些相当尖锐的意见(但态度极和善),主要是说太猛了,太粗了,也有搞错的,他都有具体材料,有根有据。那位火气特盛、甚至有点不可一世的具体负责人,对古老这个德高望重的、据理据实的、心平气和的虽然明显的不高兴,也不敢大发作,不像对我。我可以负责说一句,在那"肃反"高潮的两年,人人都避而不谈此事(我看方方对此事也有点回避),唯一敢于批评甚至相当尖锐批评此中缺点的,我看见的就是古老这个唯一的黑脸包拯。

现在,方方、古大存、冯白驹都平反了,我的高兴程度绝不亚于一个华南干部。不过,我心里还是有很大的负担,四川、云南等省的事情不知办得怎样了,是否也已经得到同样的解决了呢?(曾彦修:《广东"地方主义"与海外奇谈》,《同舟共进》杂志1997年第9期)

# 陈鲁直、成幼殊
## 从"先生"、"小姐"到"新华社"

时　　间：2013 年 9 月 1 日
采访人：曹　轲、吴自力、刘家林
摄影 / 视频：王良珏

陈鲁直（1925年2月—2014年10月），江苏江浦人，上海圣约翰大学肄业。时任南方日报社长办公室主任。1952年底调外交部，曾在南亚印度等国和纽约联合国总部工作，后任中国驻丹麦兼冰岛大使。著有《民闲论》等书。

成幼殊（1924年5月—），祖籍湖南湘乡，成舍我二女儿，肄业于上海圣约翰大学。时任南方日报政文部副主任。1952年底调外交部，曾外驻于印度、纽约、丹麦等地。诗集《幸存的一粟》获第三届（2004年）鲁迅文学奖。

## 一、重新学习

**成幼殊：**

当时我在南方日报政军文教组。像工业组、农业组、财经组，这都是专业组，除此以外，统统归入政军文教组。刚才说《南方日报》创刊号上有没有我的稿子，记得当时新闻报道一般不署名，像这篇军管会①成立的消息，是我的责任，我也不记得是不是我写的，但我肯定是要去的。

叶帅（叶剑英）见到我，就叫我"新华社"，他记不住我名字，一见我就说，"诶，新华社"。这么叫，是因为四野一路南下解放，随军带的记者都是新华社的。新华社就是记者的代称。而且，是我们党的新闻工作者，不是民间的。另外，广东当时的副省长、民主人士

---

① "华南分局，并告华中局：我军即入广州。你可以奉人民革命军事委员会命令，照前定名单（增加李章达、张醁村、吴奇伟三人）立即发表广州军事管制委员会的就职布告，及广州市人民政府（叶剑英为市长，李章达及我方一人为副市长，朱光为秘书长）的就职布告，待中央人民政府委员会开会时再行追认。"见《中央关于发表军管会和市政府就职布告的电报（一九四九年十月十五日）》，《建国以来毛泽东文稿》，中央文献出版社，1998年，第1册第62页。

李章达和我们一起从香港回到广州,他见到我就叫我"成小姐"。我们在香港就认识,那个时候叫记者就是叫"小姐"、"先生",不会叫我"成记者"。在香港,我的职业身份是记者,实际上由在上海的地下全国学联派出,是全国学联海外部成员。后来为迎接全国解放,在香港的海外部撤消,鲁直和我都作为记者转归中共香港文委周而复领导。回到广州之后,李章达担任广东省副省长,还是叫我"成小姐"。呵呵。

大概是1952年底,我和鲁直要从广州南方日报社调到北京外交

2013年9月1日,北京,陈鲁直、成幼殊在家中

部。手续都办好了,就准备离开,但报社说我俩档案要自己随身带

着。因为那个时候文件运送不大规范，档案丢了，那就麻烦了。而且，当时还在整档案，我们两人的有关材料还没整理好。所以就让鲁直先走，先到北京来。我呢，就等档案都弄齐了，封起来，然后带着自己和鲁直的档案到了北京。所以我到北京，已经是1953年的早春，比鲁直晚。

在南方日报做记者和在华商报做记者，那是整个的不同，整个的不一样。那时候，我是跑省委市委、省府市府，要求记者必须是党员，开会列席，你非党员，是不会让你参加的。

我经常去市府，叶剑英是市长，朱光是副市长，下面是秘书长陈志方，后来调到北京在外交部当大使。还有一个马在山同志，他应该算中层干部中资历比较深的，我经常和他联系。刚开始的时候，他对记者还不适应，有记者来找他，他说不见不见，有一次还躲在椅子后面，呵呵。当时的一些报纸，包括在香港的那些所谓资产阶级报纸做新闻，跟我们党报的要求完全不一样，不能按照我们党报的要求去写。马在山说，"你们报道怎么那样写，不像党报那样郑重其事的啊，从头到尾要体现政策出来"。只抓住一点，从一个角度出发，这有它活跃的一方面，但是它跟党报的要求完全不一样，党报是要宣传，是吧？"你看这些报纸，领导就登个脑袋，这算什么，怎么可以啊"。就是我们的领导人的照片一定要堂堂正正的，你不能剪下个脑袋来就去登报纸。

从香港华商报回来后，是一个重新学习的过程，对我来说也是一个很重要的转变。记得有一次，有一个苏联或者是东欧的文化性的代表团，到访广州，我去采访，回来就写了条比较简单的消息。曾彦修就说，"这个消息不能这么写"。一定要写得比较隆重、正规的，不能这么简单。"这个稿子不能用，得重写"。而且后来在全编辑部大会上把它做个例子来批评。当然，对我自己来说，这个错还是从香港养成的习惯，反正我就是报道一件事。对他的批评当然是接受的，觉得自己要重新学习，或者说是改造，你毕竟是从资本主义社会过来的记者，要适应社会主义。

整个转变过程，很难说是什么时候完成的，没有说我昨天没完成转变，今天完成了，都是逐步的。

**陈鲁直：**

她在香港是华商报记者。南方日报整个班子都是华商报的。

我们进城的时候，广州是一个刚解放的城市，很快就出了《南方日报》创刊号。但报纸是在原来国民党中央日报社址出的，后来搬到沙面建立我们自己的南方日报报社，有了自己的房子。所以你们要有个概念，广州是一个刚解放的城市，它原来是国民党南方的一个省会，有《中央日报》，还有其他的报纸，《南方日报》是共产党的报纸，中南局、华南分局的报纸，两个身份不一样。就是说作为党报的记者，南方日报的记者，中间有个过程。当时为什么要叫"新华社"？因为当地还有其他的报纸，比如《越华报》。叶老帅（叫"新华社"）是为了避免误会，《南方日报》是党报，是我们自己的报纸，所以这有一个过程。

新解放地区报社的情况比较复杂，特别是初期。我们作为党报，是逐步转变的，不到一年时间，后来别人就都知道，《南方日报》是共产党的报纸，后来其他的报纸才陆续地都变了，都改了。

## 二、杨奇与曾彦修

**成幼殊：**

杨奇和曾彦修这两位我都是很佩服的。

曾彦修在工作面前，是铁面无情的，没有什么可以模糊的，不对就是不对，该批评就是批评。刚才说把我的稿子拿到编辑部全体会议上批评，那是我没想到的，对我来说很突然，但是我觉得他做得很对。因为工作上一件事情你的错误是什么，有什么问题，就应该直接明了地说出来。有一次，他让我写一个社论，我不会写，从来没写过社论，以前一直就是做报道，或者写一些通讯，他让我写社论，他看了后改了很多，基本上就是他自己重写，但他对我还是鼓励的态度。我很佩服他。

至于说原来华商报人回到广州后不大敢写社论，这有社论政治性比较强的原因。我是个小角色，是个小记者，我从来没写过社论，他大概想培养我，让我来写，那我当然要接受了，可是对杨奇、华嘉他们，人家不写，他就不好整天让人家写，我是这么理解的。另一方面，不管怎么说，因为曾彦修的水平高，比别人都高，所以在他的跟前，别人是不大敢写社论的。

当时编辑事务都是曾彦修在管，陈鲁直是社长办公室主任。

**陈鲁直：**

彦修同志是从重庆高中参加革命，之后到延安去的。对我们这些人来说，他是老革命，是正儿八经根据地来的。他就没有根据地去地方的那些特点。我讲的特点有两个，一个是自以为是搞革命，一个呢是自以为搞革命。彦修同志是很朴实的一个人，比较讲究实际，不歪门邪道，不会借着机会整人，他绝对不干这种事。他不是有一本书吗？"我从来不整人的"。（成幼殊：《微觉此生未整人》，微微地，轻微地感觉到。）

　　这是彦修同志人品最高、最突出的地方。从来不整人，却在我们党内，第一个被打成右派的。因为所谓反苏，当初反对苏联是一大罪状。他是骂苏联的，不赞成苏联那些做法的。对于我们这些老革命来说，像曾彦修这样的人不得了，为什么这样讲呢，他跟老解放日报有关系，他是中央研究室的，毛泽东笔杆子里头，好比讲毛泽东的秘书田家英，是很熟悉的，胡乔木比他还是高了点。

　　我当时是编委会主任，办公室也管。一进城，我就跟着曾彦修，是他的秘书，但是挨他的骂也不少。他是从解放区来的，我是从香港过来的，跟他不一样。

　　一般为什么骂呢？就是诸如此类，像我的老伴写社论的调子、用语遣词，跟他们不一样，他们有操作性来的。曾彦修的汉文基础相当好，不是所有的自以为老革命都能写出非常好的共产党文章，不一定的。曾彦修写文章是好的，直到现在我也觉得他的文章好，真是不一样。

　　曾彦修实事求是，绝对不弄歪门邪道。龙潜把杨奇打成大老虎，龙潜一打十个大小老虎，我大吃一惊。曾彦修在南方日报召开社员大会上宣布时几乎是要掉眼泪的，这个很真诚。

　　我当时是"三反"办公室主任，也参加打老虎。我是杨奇同志从香港带来的，我的老伴是新华社和华商报的干部，我是香港文汇报的，因为她的关系，杨奇把我挖过来，调我到南方日报。我在香港文汇报干得也相当好的，在编辑部搞国际新闻。金仲华、刘思慕，都是我的老上级，他们很看重我，因为我是地下党啊。我们1948年到了香港，从上海结婚到香港。《南方日报》创办，第一版是我主编。

南方日报"三反"运动，我是小组成员其中一个。当时南方日报有两个"大老虎"的指标，一个杨奇，还有一个是经理部的王家振，后来王家振因为曾彦修回来没有打成。王家振本来是在我们文汇报。香港文汇报人员大都是民主党派人士，他们都不是正儿八经的共产党员。王家振在香港掌握文汇报社的经济权，文汇报的钱是筹款，是在市场上借来的钱。当时文汇报没有问题。

龙潜把杨奇打成"大老虎"，因为是南方日报进城之后的经济上的关系。就这个事，龙潜怎么讲，我们就怎么听的，实际根本就没有这回事。而且也不好跟杨奇怎么样，因为我们是杨奇的下属，再说杨奇跟我的关系不错。最后从香港回广州，我们就住杨奇家里的，他叫我们两个到广州来，跟着他一起走，我们那个时候坐船嘛，从他家坐小船然后到东江。所以我们跟杨奇的关系，从香港这段来讲是很好的。

后来，为什么曾彦修教育人呢，我们都以为龙潜没有错的，就跟着跑呗，我们那个时候就是个小角色，我们是地方干部啊，那时龙潜是正儿八经代表中央的。没想到，彦修同志土改回来召开大会，为这个事，居然在大会上几乎哭了。

我那时候可以讲是曾彦修的秘书，很多事情帮他处理，他也知道我是地方上的，我不是属于延安的，所以对杨奇打成那样曾彦修也不会很敢和我谈。龙潜是他的上级，当时曾修彦是华南分区的宣传部部长。

为什么讲这个呢？你知道，曾彦修是中央南下的，王匡也是从北京来的，他是新华社的。南方日报社主要队伍是从香港华商报来的。

报社像我们属于地方干部，像他们属于南下干部，所以是不是有点两批干部关系问题？但是曾彦修同志一直否认，他说，他没有感觉到有什么地方主义，后来批评方方地方主义，包括南方日报。曾彦修说没有感觉什么地方主义。他说，他跟杨奇同志合作非常好。他做社长，但实际上他什么都不管，主要是管编务、报纸、版面，其他事情都是杨奇在管，原来华商报的人在管。

杨奇是饶彰风的人，地方党。杨奇是饶彰风的下属，都是方方的部下，严格来讲，我们都算是方方的部下。为什么呢？后来香港的报委，香港那个地方党，方方是头。在叶帅进城之前，是他挂帅的。

当时认为龙潜是了不起的，讲起话来是一套一套的，很会说。龙潜，是广州解放初期有名的左派，整地方主义，是他搞第一次运动，打老虎也是他。龙潜，是出名的打手。

1957年更厉害，那时我们已经走了，陶铸也整地方主义。我们对陶铸很钦佩的，陶铸是中央派来的。杨奇是跟着陶铸走的，写采访稿，这是后话。当时根据中央的意思打地方主义，特别是打击广东的地方主义，包括海南冯伯驹。

**成幼殊：**

把杨奇打成"大老虎"的时候，曾彦修不在报社。他一回来就知道这个事，对他来说很突然。那个时候打呢，主要不是追究杨奇在香港的事，香港的事情，龙潜够不着，主要是认为他在广州南方日报有贪污，而且是"大老虎"，因为这些经济问题往来都是他一手抓的。

搞"三反"的时候，报社人员是分成两支队伍的，一支是搞运动，搞"三反"，一支是抓业务，我是属于抓业务的，采访该干什么照样，这个运动不参加，就是说不作为工作来投入，开大会什么还是参加，但你的任务照样要完成，不影响自己的本职工作。陈鲁直呢，他在报社的工作、身份刚好分到"三反"运动组，打虎队。他是搞运动，他的任务就是要打老虎，这个不是说他自己认识不认识，想不想，积极不积极，反正他的任务就是这个，他就按照上级的意图来做，该怎么着就怎么着。

龙潜到广州来不光管南方日报，文教单位像中山大学也是他管。我的姨母和姨夫，就是我母亲的妹妹和妹夫都是中山大学的教授，他们对龙潜非常反感，说他一来就要搞运动，就要抓老虎。

## 三、昔日同事和南方日报

**陈鲁直：**

回广州是和杨奇一起走的，杨奇带队。饶彰风比他先走，饶彰风是华南东江一支队伍的头，杨奇是另一伙队伍的头。饶彰风是方方同志下属的头，是相当好的一个人，他在"文革"给整死了。他是南方日报名誉上的首任社长，没有管事情，时间很短，主要精力放在搞侨务、统战部了。

曾艾荻是我们的副总编辑，和他的个人关系不错。他从延安过来，就成分来讲，比我们强，是真正的农民，我们和曾彦修都是知识分子，都是剥削阶级出身。工农出身的能耍笔杆子的也不多啊，他是在工农出身里面能写文章的，但是曾彦修认为他的文章写得是一塌糊涂。他后来到了广州日报，做了副社长兼总编辑。

赵冬垠是我们彦修同志当家的时候的总编辑，是有名的经济学家，他是搞价值研究的，资本的价值，这方面他的研究是比较拨尖、比较有成就的。后来他从广州调到北京，然后又回广州了。以前我每次到广州都要去看他，我很佩服他，他是正儿八经的延安派。

　　文艺界的黄秋耘，是正儿八经的老革命，也是我的好朋友。他是1936年的党员，在我们党，36年的党员是不得了的啊。那是第二次国民革命的时候，所以他比曾彦修党龄还要长。

陈鲁直、成幼殊1949年10月在由香港赴广州途中，与同批经东江纵队游击区水陆兼程赶往广州创建《南方日报》的人员合影。其中陈鲁直和少数几位香港文汇报同事参加了以华商报人员为主的这一队伍。（第二排右一为成幼殊）

**成幼殊：**

那个时候曾艾荻还是地方新闻部部长。地方新闻部就是包括我刚才讲的几个组，经济组、农业组、工业组，还有我们政军文教组，都属于地方新闻部。现在看，其实没有必要，因为每个组都有组长。老实说，我觉得像我们组出来的稿子都是经过我的。如果我比较认真，一般报到他那里不需要改。当然最初发生了我刚才讲的那个事，挨批评，被曾彦修批评的事。一开始我不是组长，组长是王修平，后来才是我。我当组长的时候，编采合一，编辑采访通讯合一。我觉得我还是负责的，我到他那的稿子没有被他改或者是改错的，基本上是通过的。是不是别的组的稿子他去改，改错，那我就不知道了。老实说我好像没有见过他写的稿子。他不是外勤记者的身份，对外，不能外出

解放初南方报人在广州（左一为陈鲁直）

采访，人家都不认识他。从内部来讲呢，我觉得是不是需要给他这么一个位置，因为他是个老干部，所以，位置不能太低。像我们这帮人都是叫做青年知识分子，他当然要在我们上边。

从华商报到南方日报是怎么个感觉，从我当时在的那个阶段来说，主要是接受新的体制，并没有感觉到我们从香港带来有多好的东西，哪些好东西应该保留或者发扬，没有这感觉。

1952年年初二三月，当时我儿子四个月大，我被派到韶关去。韶关发生一件事，大军，当时广东管解放军叫大军，跟地方产生矛盾，是打了人还是怎么着，闹得群众影响很坏。派我去采访当时的地委书记，我想不起他的名字了，找他谈这个问题，当然也去下面了解情况。这个地委书记的态度很诚恳，认为不应该发生这样的事情。就是部队到地方，不应该跟群众发生矛盾。当时报社实际上就是曾彦修给我的任务，就是要地委书记写个检讨登到报纸上。这个地委书记，我觉得很了不起，愿意承担责任啊，说这个事情发生在我这个区域，是不对的。有胸怀！

回来以后，就是整版登韶关这个事情。报道、地委书记的检讨，还有社论，都配发了。社论开始是我起草，其实就是曾彦修写的。还是作为我的，社论署名应该是署了我名字的一个字。

对我来说，好像是要接受改造接受新领导，但是不知不觉之间，不管是从曾彦修同志也好，或者是从杨奇同志也好，从香港的传统也好，民间的这种呼声还是能比较充分地表现出来。

那时候的南方日报，我觉得没有什么"文人论政"，都是曾彦修论政了。他的文笔很尖锐、很深刻。

当时南下的人和香港回来的人的关系很好。我对曾彦修同志是非常钦佩的。就是对曾艾荻，他不会写东西，就是没见他写过东西，我还是尊重他的,该怎么着还怎么着。不会给他找麻烦,所以我们关系还是不错的。另外,我记得的就是人事科长何惧,他是解放区南下的。这个人是立场很鲜明的,因为人事科他一定要掌握。何惧,进城的时候就来了,一起来的。

《南方日报》批评广州建有机肥料厂朱光登检讨,我没什么印象。肯定是属于工业组,不是我们这个组。当时做批评报道上面是比较支持的。

**陈鲁直:**

南方日报批评报道里面有曾彦修的作用。

南方日报建设初期,报社同事出游

后来曾彦修在北京人民出版社被打成右派的时候，一直是在我们这个小房间（编按：指客厅）住了三四十年，去年人民出版社才给了一辆专车，给他换了部长楼。①这么一个老干部吃了这么多的苦，没有怨言。曾修彦这个人了不起，他挨了整，只字不提，根本没有埋怨党。

曾彦修是我在南方日报唯一尊敬的一个人。为什么我一直跟曾彦修保持联系呢，他不知道骂了我多少回，吃他的"排头"（编按：骂。上海话），他说不行就不行。杨奇对曾彦修还是敬佩的，在曾彦修的思想中华南反地方主义是不对的。

南方日报我经过两轮，一个是曾彦修，我是他的秘书，我基本上是跟着他走的，第二个就是王匡，王匡也是了不起的人物，他也算是延安派。但是，我觉得王匡的功劳在香港高。在搞南方日报的时候，我跟他有接触，他不是搞左的一套。在南方日报，王匡的文笔在一定程度上要比曾彦修要高。两个人风格不同，曾彦修是文如其人。他不是人云亦云，今天这样一说，明天那样一说。他说了之后坚决不改。也不是公说公有理，婆说婆有理，他有他一定之规，这一点上了不起。就好比讲我们"打老虎"，他认为不对，不能这么个搞法。

人是各式各样的。陶铸到华南分区代叶帅的时候，他到我们报社去了很多次，经常去。关心报纸是陶铸的一个特点。知道杨奇下台了，他出去还要带着杨奇写稿子。对陶铸的感觉印象怎么样啊？在我们报社来讲，我的印象是很好的，后来我才知道，打地方主义，他是起了作用的。

---

① "2009年中组部规定，1937年7月6日前参加革命工作，尚未享受副省（部）长级医疗待遇的离休干部，全提高享受副省（部）长级医疗待遇。1937年7月7日至1945年9月2日参加革命工作、离休前为正司局级的离休干部，也可以提高享受副省（部）长级医疗待遇。"钱昊平、王钟的、贺佳雯：《退休干部享受什么待遇》，《南方周末》2013年10月24日B10版。

还有一个，古大存是非常有名的，当时广东省委书记、副省长。冯伯驹，海南的，也是地方主义。古大存的儿子叫古关贤，当时是广州市民政局的局长，那个同志也是个很朴实的人。

## 四、关于"大镇反"

**成幼殊：**

"大镇反"当时是这样的：曾彦修派杨奇带我去公安局查档案，因为有天夜里收到广州市公安局的材料，第二天枪毙百把人，反革

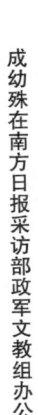

成幼殊在南方日报采访部政军文教组办公室

命,当时叫"镇反"。曾彦修很着急,他直接给叶帅打电话,刀下留人,说这样子一件大事,叫我们发消息,什么评论也没有,随便就把这些人杀了,影响会很不好,特别是广东靠近香港。大概是这么个意思。后来华南分局通知公安局目前先不要发这个稿子。谭政文说我们的材料写得不好,你们报社文人多。我们不懂法,推给我们了。杨奇就把我带过去,让我在那里查看材料。

材料太草率了,就一张张表格,上面有姓名,简单的何许人,底下的一个方框就是他的罪行,罪行就一两句话,根本不能说明问题,不能说明这个人就该枪毙,是镇压"反革命"的对象。给报社反映了,我就说太简单了,他们还是让我在那里看,我现在实在是不记得

成幼殊抱着约一岁的儿子红十和同事胡辛在一起

是看了多长时间，我想是去过几次，杨奇不可能泡在那里。但是我们不可能替他们写。

如果说是我们出面帮他搞的，那不管是功是过，我都很难认同。我就是在那两个月翻麻袋、找材料，我还有我的采访的任务，我那个时候担任了组长，组长就别的不管了？当时我们政文组，用广东话叫"一脚踢"，统统都管，哪儿出事就哪儿管。但是我感觉有两点遗憾，一个呢，最后这个罪行不成立了，可是在报纸上要发表，还是短短的一句话，要在报纸上发表了，也是笼笼统统的。一般的读者，你写得再多罪行他也不知道，罪行很少，他也不知道。我自己觉得还是不足的。从法律上说这是草菅人命。当时军管，也不能说是随意杀人，除非你是土匪。那时候报社都是军管会的，有袖章。这一点我始终觉得是不足的，但是没有办法。最后发表这个消息的时候，报社写了社论配合，就说应该这么做。

押赴刑场的时候，我去了现场。我很遗憾，我非常同情那个教育厅长，是个白面书生，因为天热，穿着浅色上衣，前面挂了牌子后头插了个什么东西，他站在卡车里面，他都站不住，就往地下直溜，旁边军警就架着他。看着我心里觉得很难受。我甚至怀疑我是不是立场有问题了，我就是觉得这个教育局长，我就说他为什么不逃走呢，他应该还是有信心吧，认为自己不至于遭遇这样的下场，可是你给他的结论不是如此。所以这个，我是无能为力的。

至于压力，也没有什么，最后报社也是配合完成任务了。从报社来讲，它只能提出一些问题，增加一些麻烦，拖延一段时间。然后应该怎么着怎么着。

像我们这些下面的人，很难知道南方日报和华南分局军管会关系怎么样，像曾彦修本来就是华南分局宣传部的副部长。部长先是肖向荣,后来肖向荣调走了,他就当宣传部长。开始的时候,南方日报的大样都要送到宣传部,由肖向荣定稿,由他最后审定、签字。党政军一体。

**陈鲁直:**

肖向荣当时是叶帅底下的中将。那个时候,叶帅是华南分局的头,也是华南军事的头。

后来事就多了,搞地方主义的时候,连叶帅也牵扯进去了,这是后话。当初这个事件啊,彦修同志讲的基本上是对的,他不是有一篇材料吗?以他说的为准。我的老伴是专门搞这个材料、搞这个事件报道。

我没有参加"大镇反"这个事情,我在编辑部,就是曾彦修的秘书,不过这个很难讲,因为关系当时没有那么明确,可以讲是社长

采访部同事合影,左一为成幼殊

办公室，也可以是编委办公室，都是一码事。南方日报出过几次报史的，以上面的说法为准，基本上刚刚进城，开头的时候还不是很固定。

南方日报报名的题字问题，也是我们初期的一个秘密。我没有经手，因为毛主席的手笔到了南方日报的时候是华南分局给的。"南方日报"四个字，有一个字不知道是怎样定的，我记不住了，但肯定是动过的。彦修同志可以这么搞，因为他从延安来的，他有资格，我们都不好弄！好家伙，伟大领袖的字，怎么可能？

我觉得彦修同志对谭政文的意见是很正确的，但谭政文好像并不认为他有什么了不得的事。谭政文是武人，他秉承上级的意见，也是执行。

对那个"大镇反"的事件，我补充一点：曾彦修知道事件的严重性，直接打电话找叶帅，报告叶帅这样办不行，太草菅人命了。叶帅同意了他的意见，所以制止。

## 五、诗心与换装

**成幼殊：**

我的诗集里面，自解放之后 12 年没有收录一首诗，主要是因为没写。

**陈鲁直：**

她存下来的四十几年的著作，由我们的一位老朋友，也是她的同学，给她保存了 40 年了，后来我们到新加坡，这个朋友还在，她居然把她的旧诗都存下来了，她的旧诗变成她的最原始记录，了不起。这本书真也了不起，都要变成国宝了，她现在是第三届鲁迅文学奖的诗歌奖获得者。

**成幼殊：**

　　洗心革面吧。特别是到外交部。好像纪律很多，当然不是不让写，一个是工作的压力，一个是整个的情形让人不能写，没诗兴。所以我记得当时副司长杨东莼同志，他对西藏文字特别有研究。有一次他在会上发言作自我批评，说，我的思想是公私合营，一方面在完成我的工作任务，另一方面我还有我的小算盘。我要研究什么什么。就是在那种情况下，不是说想写、没有写或者不敢写，而是好像是被改造掉似的。

**成幼殊：**

　　进城之后穿的是军管会的军装。进城的时候，我们还是五颜六色，还是老百姓。所以我们的队伍进去了，人家很奇怪，这是什么队伍，都是老百姓打扮。我们是农妇打扮，长裤子，上面大襟衣服。到了广州以后，先到爱群大厦，才发军管会的军服、军装，另外戴上军管会的袖章。但鞋还没换，哈哈。后来改成列宁装。像妇女同志穿双排扣这样的双层。

**陈鲁直：**

　　后来到了武汉，重新买西装。那是外交部给你置的。基本上，在换装过程中，作为解放军，那是部队。那个时候是过渡时期。

**成幼殊：**

关于韶关的事情。当时主题是开展批评，要能够容忍批评，是作为压制批评的例子来报道的。大军干了什么事，群众就不满意、批评，然后大军就报复打击，这个人就写信到报社投诉，到了我们组，然后领导当然就是曾彦修拍板，就认为这个事情应该要抓住好好报道一下。要能够容忍批评，能够让人民群众批评，所以后来就让我写了那个长篇报道，而且要求地委书记写一个检讨登在报上，同时登一篇社论。整个一个版就是批评。所以我说《南方日报》有这个批评的传统，对我来说，好像也是一个很自然的事情，因为我们从香港过来。当然，人家也不是不让你批评党政，但像那么大规模地开展批评，还是反映了这份报纸的权威和力量。

陈鲁直、成幼殊的长女朋山、长子红十1953年夏秋之交摄于广州。当时，陈、成二人已奉调去外交部，离开了南方日报。后被派往中国驻印度大使馆工作，这是陈鲁直先出国赴印途经广州时所拍，此时两个孩子都已进入与南方日报同步建立的报社托儿所。

## 图书在版编目（CIP）数据

南北交互：南方报业社长总编辑口述史. 第1辑 / 曹柯，罗永新，吴自力编著. -- 北京：经济日报出版社，2015.7

ISBN 978-7-80257-813-5

Ⅰ.①南… Ⅱ.①曹…②罗…③吴… Ⅲ.①报社—新闻事业史—广州市 Ⅳ.① G219.246.51

中国版本图书馆 CIP 数据核字 (2015) 第 129787 号

---

南北交互——南方报业社长总编辑口述史（第一辑）

| | |
|---|---|
| 作　　者 | 曹　轲　罗永新　吴自力 |
| 责任编辑 | 肖小琴 |
| 责任校对 | 孙　楠 |
| 出版发行 | 经济日报出版社 |
| 地　　址 | 北京市西城区右安门内大街65号（邮政编码：100054） |
| 电　　话 | 010-63516978（编辑部）63588445（发行部） |
| 网　　址 | www.edpbook.com.cn |
| E-mail | edpbook@126.com |
| 经　　销 | 全国新华书店 |
| 印　　刷 | 北京市凯鑫彩色印刷有限公司 |
| 开　　本 | 710×1000 毫米　16 开 |
| 印　　张 | 9.25 |
| 字　　数 | 100 千字 |
| 版　　次 | 2015 年 9 月第 1 版 |
| 印　　次 | 2015 年 9 月第 1 次印刷 |
| 书　　号 | ISBN 978-7-80257-813-5 |
| 定　　价 | 30.00 元 |

版权所有　盗版必究　印装有误　负责调换